AF523590

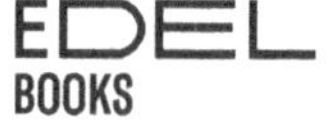

ACHIM SCHLÖFFEL
MIT MORITZ STRANGHÖNER

DER TOD TAUCHT MIT

Ich widme diese Geschichten meiner
Tochter Charleen McCoy-Schloeffel (1.5.1990 † 1.5.2008)*
und meinem Freund Jan Lars Hanz (6.9.1977 † 11.2011),*
die beide viel zu früh von uns gegangen sind und mit denen
ich gerne noch viele Abenteuer erlebt hätte,

sowie meinen Söhnen Ben und Luis, denen ich mindestens
so viele spannende Momente unter Wasser wünsche,
wie ich sie hatte.

INHALT

DURCH DEN KANAL

Die wagemutigen Schwimmer, die sich jedes Jahr vom Strand der Shakespeare Bay in Folkestone in die schäumenden Wellen des Ärmelkanals stürzen, um sich bei jedem Wetter die 36 Kilometer durch die eisige, raue Nordsee nach Frankreich zu kämpfen, faszinieren mich, seit ich denken kann. Die Schwimmer müssen nicht nur Kälte, Angst und Erschöpfung ertragen, sondern sich auch vor den zahllosen Containerfrachtern in Acht nehmen, die wie an einer unsichtbaren Perlenschnur aufgefädelt unaufhörlich durch die Fluten walzen …

Nachdem ich erste Taucherfahrungen gesammelt und die größte Leidenschaft meines Lebens entdeckt hatte, begann ich von diesem Abenteuer zu träumen. Nur: Ich wollte nicht schwimmen. Ich wollte diesen finsteren Nordseekanal zwischen England und Frankreich, dessen Tiefen so viele Geheimnisse und Mythen bergen, in dem unzählige Wracks ruhen, durchtauchen, und zwar an einem Stück. Natürlich wurde mir später, als aus der Leidenschaft Tauchen schon lange mein Beruf und mein Leben geworden war, klar, dass die finanziellen und technischen Hindernisse schier unüberwindbar waren. Weder gab es Scooter, die ausgereift genug waren, das Gewicht eines Menschen und seiner Ausrüstung über eine derart lange Distanz durchs Wasser zu ziehen, noch waren entsprechende Geräte zur Luftversorgung verfügbar, sogenannte Rebreather-Systeme, die die eigene Atemluft in einen Kreislauf überführen, sodass man keine Flaschen mehr wechseln muss. Von den Kosten einer solchen Expedition, für die man jede Menge Material, Logistik und eine ganze Mannschaft brauchte, einmal abgesehen.

Doch in all den Jahren ließ mich diese Spinnerei nie los. Die technische Entwicklung machte Fortschritte, meine Erfahrung als Taucher nahm stetig zu, und durch Sponsoren und Arbeit war irgendwann auch genug Geld vorhanden, um das Projekt Kanaldurchquerung wenigstens von Zeit zu Zeit zu Hause am Schreibtisch durchzuplanen, wenn gerade keine Projekte anstanden oder kleinere oder größere Katastrophen meine Pläne mal wieder über den Haufen warfen.

Das größte Hindernis ließ sich allerdings lange Zeit nicht mal theoretisch überwinden und war einfach unvorstellbar: Durch den Kanal zu tauchen, ohne zwischendurch einen Stopp einzulegen und Material, Sauerstoff, Nahrung aufzufrischen. Mitte der 2000er-Jahre kam ich mit Christiane und Patrick Bonetsmüller, deren Firma Bonex die besten Scooter der Welt herstellte, ins Gespräch. Wir hatten uns im Laufe der Jahre angefreundet, und eines Tages erzählte ich ihnen von meinem Traum. Auch sie waren skeptisch, versprachen aber, darüber nachzudenken. Ich hatte bereits Hunderte Stunden Erfahrung mit diversen Rebreather-Systemen gesammelt, ihre Stärken und Schwächen herausgefunden und andere Taucher auf ihnen ausgebildet. Ich hatte Tauchgänge von bis zu 15 Stunden in Wracks und tiefen Höhlen absolviert, mit stundenlangen Dekompressions-Stopps und zusätzlicher Luftversorgung in der Tiefe. Ich wusste, was im Bereich des Möglichen lag, und welche Grenzen es gab. Und mein Ehrgeiz wuchs, sie zu durchbrechen. Es musste einfach möglich sein, den Kanal zu durchqueren – und zwar im Alleingang!

Ich begann, den Tauchgang wie ein Besessener im Detail zu planen. Studierte Karten, Strömungen und Gezeiten, ging alle möglichen Notfallszenarien durch, testete Ausrüstung und baute sie um. Wie konnte ich auf ein Begleitboot verzichten? Sollte ich mir von einem Partner helfen lassen oder den Versuch lieber allein durchziehen? Brauchte ich eigentlich eine Genehmigung, war dafür irgendeine Behörde zuständig? Ich fragte bei der britischen Polizei, bei den Hafenbehörden und beim Zoll nach, erntete aber überall nur Schulterzucken.

Letztendlich verwarf ich die eigentlich immer und überall gültige Grundregel, nie allein zu tauchen. Die Komplexität und Schwierigkeit des Tauchgangs und der Navigation schien mir keinen Raum für einen weiteren Taucher zu lassen, der meine Konzentration gefährden und mich im Zweifel nur ablenken würde – und dem ich im Notfall würde beistehen müssen. Den Ablauf und die Technik wollte ich so perfekt planen, dass ich keine Hilfe benötigte. Und wenn doch etwas schiefging, sollte es nur mir selbst schaden.

Meine Freunde konstruierten einen Scooter aus zwei eigenständigen, ursprünglich für militärische Zwecke entwickelten, durch einen Mittelsteg verbundenen Geräten, der mich über elf Stunden ziehen konnte. Als ersten echten Härtetest unter realen Bedingungen unternahm ich einen Tauchgang längs durch den Starnberger See. Und tatsächlich: Über die gesamten 21 Kilometer in rund 15 Metern Tiefe funktionierte die Transport-Doppelrakete hervorragend. Mir war aber auch klar: Ein See, so kalt und tief er auch sein mag, ist kein Meer mit seinen Strömungen und Wellen, Stürmen und Schiffen.

Auch einen herkömmlichen Rebreather hatte ich mir vorgeknöpft und ihn so modifiziert, dass ich zwei unabhängige Systeme für meine Atemluft auf dem Rücken tragen konnte. Das Problem: Bei höheren Geschwindigkeiten fingen die Dinger an, sehr stark zu vibrieren – und das bereits unter den harmlosen Bedingungen im See. Die Verkleidung, eigentlich zur Verbesserung der Stromlinienform entworfen, hielt dem Druck nicht stand. Es war niederschmetternd, mir fiel keine Lösung ein. Letzte Tests musste ich absagen und schließlich den kompletten Kanaltauchgang aufgrund der Jahreszeit verschieben – es hagelte Spott in der Szene, nach dem Motto: Alles nur Gerede eines Spinners, einfach nicht machbar ...

Mich spornte das Gequatsche nur noch mehr an. Wir studierten noch einmal ausgiebig und genau Strömungen und Gezeiten im Kanal, planten erneut alle Details, versuchten alle Gefahren, die einen dort unten erwarten mochten, einzuberechnen, und konstruierten das Rebreather-Gehäuse vollständig neu.

Am 26. Juni 2012 war es soweit, das Abenteuer konnte beginnen. Ich fuhr mit meiner Frau voraus nach England. Wir nahmen uns ein Zimmer in einem ziemlich abgerockten Hotel in Folkstone und erkundeten die Küste, um einen geeigneten Startplatz für den Tauchgang aufzuspüren. Fündig wurden wir bei Dymchurch, einem kleinen Kaff an der Küste Kents mit einem großen, von einem Deich abgeschirmten Strand. Hier konnten wir ungestört alles zusammenbauen, und der Fußweg ins Wasser war nicht weit. Hier sollte es losgehen!

Der Rest meines Teams reiste uns hinterher nach England und nach Calais in Frankreich. Am 29. Juni riss uns um 3 Uhr nachts der Wecker aus dem Schlaf. Meine Frau kochte einen großen Teller Spaghetti, den ich trotz der Uhrzeit runterschlang, um meine Kohlehydratspeicher vor dem langen Tauchgang noch einmal aufzufüllen. Anschließend warf ich eine Immodium-Tablette gegen ungeplante Zwischenfälle unter Wasser ein. Dann packten wir unsere Sachen und fuhren zum Strand, wo meine Mitstreiter bereits alles vorbereitet hatten. Den Rebreather hatte ich bereits am Vortag mit Atemkalk befüllt, alle Checks waren durchgeführt. Den Scooter bauten wir am Strand zusammen. Die Flut drückte bereits an Land und kam schnell näher. Gerade als wir fertig waren, schwamm er auch schon in den schäumenden Wellen. Ich zog mehrere Schichten Unterwäsche übereinander, der Trockentauchanzug wurde mir übergestülpt, meine Frau gab mir einen letzten Kuss. Sie versprach, mir den Kopf abzureißen, falls mir etwas passieren sollte. Die anderen klopften mir auf die Schulter und wünschten mir Glück. Ich glitt ins Wasser, richtete den Scooter aus und drückte den Gashebel nach vorn.

Es tat sich erst mal: gar nichts. Die Brandung im flachen Wasser war heftig, die schäumende Suppe knallte mir mit voller Wucht entgegen. Ich konnte nicht feststellen, ob ich abtauchte und Strecke machte oder zur Belustigung meines Teams auf der Stelle stand und mein Hintern aus dem Wasser ragte. Ich drückte meine Maske an den Kompass, setzte eine kleine Lampe drauf, um sicher zu gehen, dass ich wenigstens nicht rückwärts Richtung Strand unterwegs war. Es fühlte sich sehr lange an, als ginge es nicht vorwärts, und nach einer knappen Stunde war ich so genervt, dass ich ernsthaft an Rückzug dachte. Da fiel der Boden unter mir plötzlich abrupt ab und ich schwebte im Freiwasser.

Ich sah: Sand. Die Flut, die mich eigentlich auf den ersten sechs Stunden des Tauchgangs hatte tragen sollen, hatte mich die ganze Zeit gebremst. Endlich hatte ich aber tiefes Wasser erreicht und konnte meine Instrumente erstmals einigermaßen klar ablesen. Ich befand mich in gerade mal sechs Metern Tiefe, konnte Peilung aufnehmen und fuhr weiter. Als ich 20 Meter Tiefe erreichte, flog ich ins dunkelgrüne Freiwasser, der Boden verschwand. Die Sicht wurde besser, Ruhe umgab mich, ich entspannte mich, gewann an Sicherheit und Selbstvertrauen. Und hätte mich im nächsten Moment fast vom Bock werfen lassen. Mein Scooter riss mich bei voller Fahrt nach rechts, fuhr Karussell mit mir, in dichten Kreiseln herum und herum. Ich musste eine Vollbremsung hinlegen: Der rechte Scooter war ausgefallen, durch die Vibrationen hatte sich ein Magnetschalter gelöst. Doch ich hatte Glück und konnte das Problem mit ein bisschen Gefummel am Kontakt beheben: Nach drei, vier Kreiselattacken entschied sich mein Scooter, die Reise trotz holprigem Start fortsetzen. Ich glitt weiter vorwärts, die Zeit verging, die Monotonie wirkte einschläfernd, aber ich wusste, dass ich meine Konzentration hochhalten musste. Die Kälte, der Druck, die dunkle Umgebung, die Ungewissheit, was mich in den kommenden Stunden erwartete – jetzt bloß nicht weich werden, Junge.

Über längere Zeit hatten mich nun schon große Schatten begleitet, deren Umrisse noch finsterer waren als meine dunkle Umgebung aus grauer Brühe, in der mir ansonsten nur ein paar fingerlange Fische begegneten und ab und zu schwarze Klumpen, wohl schwebende Teerfetzen, mit denen ich keine nähere Bekanntschaft machen wollte und sie daher lieber umkurvte. Oder träumte ich etwa? Bildete ich mir Dinge und Gefahren, die hier unten lauerten, lediglich ein? War meine Angst vor frei im Wasser treibenden Fischernetzen möglicherweise ein Hirngespinst? Der eigene Kopf ist die größte Stärke des Menschen, doch er kann auch zu seinem schlimmsten Feind werden.

Ein riesiger, schwarzer, zunächst nur schemenhaft erahnbarer Klotz riss mich aus meiner leichten Lethargie. Ich raste auf einen verlorenen, frei im Wasser schwebenden Schiffscontainer zu, der sich wie aus dem Nichts vor mir auftürmte! Mir stockte der Atem. Immerhin näherte ich mich dem Ungetüm mit einer Geschwindigkeit von 300 Metern pro Minute (also sechs Bahnen im Schwimmbad in nur einer Minute, um sich das leichter vorstellen zu können) und die Sicht betrug nicht viel mehr als 15 Meter. Ich riss den Scooter gerade noch rechtzeitig zur Seite und schrammte um Zentimeter an dem Stahlklotz vorbei, der, wie ich jetzt deutlich wahrnahm, hellblau leuchtete. Mein Herz hämmerte wie wild, ich brauchte etwas Zeit, um durchzuatmen, mich zu beruhigen, bevor ich wieder Fahrt aufnehmen konnte. Meine Sinne waren auf jeden Fall wieder hellwach, die

Nerven bis zum Anschlag gespannt. Ich vernahm jetzt immer deutlicher ein Geräusch, das zunächst wie ein Fön im Badezimmer nebenan klang und sehr schnell immer lauter wurde, bis ich den Eindruck hatte, eine Bohrmaschine würde direkt neben meinem Kopf eingeschaltet.

Der Lärm kam von den Schiffen im Kanal, den Giganten aus Stahl, die mit ihren Zigtausend Tonnen Fracht aus aller Welt über mir hinwegzogen. Und trotz der eigentlich sicheren Distanz: Ihr Lärm, ihr Strömungssog, ihre schiere Masse über mir wirkten wie eine einzige Bedrohung.

Plötzlich wurde es heller, ich erkannte eine sanft ansteigende Sandfläche in etwa 35 Metern Tiefe. War ich schon in Frankreich? Unmöglich, viel zu früh. Ich flog die Anhöhe hinauf und fand mich auf 20 Metern wieder, bevor der Grund erneut abfiel und im grünen Nichts verschwand … Ich hatte die Varne-Sandbank gekreuzt, die den Ärmelkanal durchteilt wie eine Mittelleitplanke eine Autobahn. Ich war also auf dem richtigen Weg, wie ich dankbar registrierte.

Doch hier unten folgte kleinen, kostbaren Wohlfühlmomenten stets ein kräftiger Tritt vors Schienenbein – offenbar ein ungeschriebenes Kanal-Gesetz. Der Lärm wurde erneut infernalisch laut, und die Vibrationen wurden so heftig, dass ich in meinem Gurt am Scooter hin und her geschüttelt wurde. Obwohl ich mich in 35 Meter Tiefe befand, konnte ich die Schiffe über mir am ganzen Körper spüren. Dazu wurde es deutlich finsterer um mich herum, sodass ich keine Distanzen mehr abschätzen konnte. Ich reagierte mit einem Fluchtreflex und drückte die Schnauze des Scooters mit voller Kraft nach unten, stürzte mich hinab in die Tiefe. 54 Meter, dann war Schluss. Ebenso abrupt musste ich das Shuttle wieder hochreißen, sonst hätte ich mich in den schwarzen Schlick gebohrt, der hier den Boden bedeckte.

Ich fuhr am Grund des Kanals, als die beiden Scooter, die mein Shuttle bildeten, versagten. Offenbar hatten sich die Kontakte wieder gelöst. Die Vibrationen rissen an den Schläuchen meines Rebreathers, und ich hatte Mühe, das Mundstück mit den Zähnen festzuhalten. Wasser floss in meine Maske, ich hatte keine Chance, sie in dieser Situation auszublasen. Der Schlick vom Boden stieg auf und hüllte mich ein, raubte mir das letzte bisschen Sicht. Der Spuk dauerte, Gott sei Dank, nur wenige Minuten, ich verharrte still am Grund, blies das Wasser aus meiner Maske, das heftig in meinen Augen brannte, stellte sicher, dass der Rebreather noch in Ordnung war, und justierte die Kontakte an den Scootern. Schließlich konnte es weitergehen.

Vorsichtig stieg ich höher, bis das höllische Dröhnen der Schiffsmotoren zurückkehrte. Diesmal drang der pochende, unerträgliche Lärm sogar bis in eine Tiefe von 40 Metern vor. Wieder wich ich nach unten aus, wartete ab, bis sich auch dieser Krach verzogen hatte, bevor ich meine Fahrt fortsetzte. Irgendwann hatte ich gelernt, mit der Situation klarzukommen.

Später konnte man am Computer über das Tracking des Schiffsverkehrs und meiner Route feststellen, dass ich ein Rendezvous mit einem der größten Containerschiffe der Welt gehabt hatte, der *CMA CGM Wagner.* 277 Meter lang, 40 Meter breit. Tiefgang: Schlappe 15 Meter, vorsichtig geschätzt, die gigantischen Schiffsschrauben nicht eingerechnet. Viel Platz blieb da nicht mehr. Der zweite Pott, der mich so plötzlich in die Tiefe zwang, war vermutlich eine der vielen zwischen Frankreich und England verkehrenden Kanalfähren.

Nach knapp sieben Stunden in der Tiefe veränderte sich endlich der Untergrund, Sand kam in Sicht. Ich folgte dem sanft ansteigenden, von kleineren Stufen strukturierten Bodenprofil, und es tat unfassbar gut, nach dem langen, dunklen Nichts wieder Strukturen erkennen zu können.

Die Strömung war auf Grund der Gezeiten auf Südwest gewechselt, und ich hatte meine Richtung angepasst, wollte die Strömung ausnutzen und mich Frankreich in einem weiten Bogen nähern. So der Plan. Mein Rebreather war inzwischen ziemlich am Ende, und ich atmete aus meinem Zweitgerät, da ich den ersten nicht vollständig austauchen wollte – er war schließlich auch meine letzte Lebensversicherung.

Ich befand mich in 15 Metern Tiefe, Tendenz steigend. Ich war mir nun sicher: Vor mir ist Frankreich. Ich scooterte nun nicht mehr, sondern ließ mich von der Strömung tragen, immer westwärts. Der Boden flog unter mir dahin, und je höher ich kam, desto schlechter wurde die Sicht durch den Sand, den die Wellen aufwirbelten. Bei 12 Meter schoss ich meine Boje mit dem GPS-Sender an die Oberfläche, um meinem Team die Position zu übermitteln. Zehn Minuten später war ich auf 9 Meter aufgestiegen, wo ich weitere 25 Minuten verbrachte. Auf sechs Metern verschlechterte sich die Sicht dramatisch, und ich prallte mehrfach ziemlich heftig in unterschiedliche Hindernisse, erwischte die Reste eines Fischerboots und mehrere große Steine, als wolle der Kanal mich noch einmal richtig verprügeln, bevor er mich freigab. Ich steckte die Schläge ein, ignorierte die Schmerzen und versuchte, meine Ausrüstung zu sichern, sie nicht im letzten Moment noch zu verlieren. Am Bodenprofil erkannte ich, dass ich offenbar um eine Landzunge getrieben sein musste. Nach 45 weiteren, endlos langen Minuten stieg ich zum letzten, bei jedem Tauchgang aber wichtigsten Deko-Stopp auf 3 Meter auf. Die Brandung knallte mir um die Ohren, in dieser Waschmaschine konnte ich die Instrumente nur mit Mühe ablesen. Ich wurde ungeduldig, sehnte mein Team herbei, damit es mich von dem sperrigen Scooter befreite. Außerdem wäre ich für einen Getränkeservice unglaublich dankbar gewesen: Meine beiden Trinkbeutel mit insgesamt 4 Litern Wasser waren schon lange leer, ich litt quälenden Durst. Dazu setzten böse Kopfschmerzen ein. Ich zählte die 80 Minuten einzeln runter und war einfach nur froh, als ich mich langsam Richtung Oberfläche bewegen konnte.

Das Erste, was ich wahrnahm, war eine etwa 400 Meter breite Brandungszone und dahinter ein endloser, vollkommen verlassener Strand. Über den sonnigen Nachmittagshimmel trieben Wolkenfetzen. Kein Mensch weit und breit. Die Brecher überrollten mich im Sekundentakt, ich nahm meine letzte Kraft zusammen und begann, über den flachen Grund Richtung Strand zu schwimmen, wobei ich immer wieder auf den Boden knallte. Aber laufen oder krabbeln war mit der schweren Ausrüstung einfach nicht möglich, und meine Superkräfte waren nach diesem Trip leider aufgebraucht.

Aber schließlich erreichte ich den Strand, und später stellte sich heraus, dass ich wie durch ein Wunder sogar ungefähr an unserem Zielort Cap Gris-Nez bei Audresselles angelandet war. Dabei war ich vollkommen unbemerkt geblieben, meine Sorgen um Genehmigungen oder Probleme wegen „illegaler Einreise" erwiesen sich als unbegründet – wobei allerdings wenige Tage später die französische Polizei am Strand bereitstand, als der amerikanische Milliardär und Virgin-Gründer Richard Branson auf einem Kite-Board – in einer Rekordzeit für seine Altersklasse – über den Kanal gesurft kam.

Branson hat für seine Aktion etwa drei Stunden gebraucht. Ich war acht Stunden unter Wasser getaucht, dazu kamen noch über zweieinhalb Stunden Dekompressionszeit – ich hatte also einmal die Uhr rumgedreht. So fühlte ich mich auch: Ich ließ den Scooter liegen und taumelte ein paar Meter zu einem Felsen, wo ich den Rebreather ablegte. Dann quälte ich mich zurück zum Scooter und zerrte ihn an den Strand, um ihn vor den Fluten zu sichern. Ich kontrollierte meinen GPS-Tracker: Er sendete. Warum zum Teufel war dann außer mir niemand hier? Totale Erschöpfung drückte mich nieder, als hätte jemand meinen persönlichen Ausschalter betätigt: Nichts ging mehr. Ich ließ mich neben den Scooter in den Sand plumpsen, starrte in den blauen Himmel, ließ mit den Wolken noch einmal die langen Stunden unter Wasser an mir vorbeiziehen. Die Dose mit dem GPS ließ sich nicht öffnen, entweder hatte sie sich verklemmt oder durch den Temperaturunterschied Vakuum gesaugt. Das Notfall-Handy darin – unerreichbar. Fast eine Stunde dämmerte ich durstig vor mich hin, als ich plötzlich eine kleine Gestalt in den Dünen sah. Ich blinzelte. Die Figur winkte. Und lief wieder weg. Eine Fata Morgana? Doch Augenblicke später rannten die Team-Mitglieder über den Strand jubelnd auf mich zu. Ich wurde gedrückt und umarmt und wieder gedrückt, und schließlich erspähte ich auch meine Frau. Ich schloss sie in die Arme und durfte meinen Kopf, so laut er auch brummte, auf den Schultern behalten.

Später erfuhr ich, dass das GPS-Signal erst gesendet wurde, nachdem ich an der Oberfläche war. Offenbar hatte die Brandung den Sender in seinem Gehäuse so sehr geschüttelt, dass er sich kurzfristig verabschiedet hatte. Das Team hatte mich schon ein wenig verzweifelt gesucht. Mein Glück war, dass eine Helferin in den Dünen austreten musste, wobei sie mich am Strand erblickte.

Nach ein paar Flaschen Wasser war ich wieder einigermaßen hergestellt. Wir verluden die Ausrüstung und feierten mit einem großartigen Abendessen (was das für mich heißt, erzähle ich später). Glückwünsche aus aller Welt trafen ein. Ich war gerade 40 geworden, hatte in Seen, Flüssen, Höhlen und Ozeanen rund um den Globus getaucht, Wracks erforscht und Expeditionen geleitet, meinen Tauchverband gegründet und Jahre voller Höhen und Tiefen erlebt. Vor allem: Ich hatte überlebt. Kurz darauf kamen meine beiden Söhne zur Welt.

Ich weiß, ich bin noch nicht am Ende meiner Reise. Doch es ist Zeit, einmal zurückzublicken und zu berichten, über mein Leben unter Wasser.

Meine zehn Überlebensregeln

1. Du kannst nichts gewinnen, wenn du nicht anfängst: Sei mutig!
2. Zwischen „Ich kann nicht mehr“ und „Es geht nicht mehr“ ist immer noch genug Luft, um weiterzumachen.
3. Gib niemals auf. Denk nicht mal dran!
4. Lass Ängste zu. Sie zeigen dir deine Grenzen. Aber lass dich nicht überwältigen.
5. Vertraue niemandem. Aber gib jedem die Chance, sich dein Vertrauen zu verdienen.
6. Hab immer einen Plan B. Und am besten auch einen Plan C.
7. Fokussiere dich auf das Wesentliche. Und das heißt oft einfach nur: Überleben.
8. Kenne deine Herausforderungen, studiere deine Gegner. Unterschätze sie niemals.
9. Wenn jemand um Hilfe bittet, bekommt er sie.
10. Vergiss niemals, wirklich niemals den Worst Case und bereite dich auch auf ihn vor.

ÜBER LEBEN
UNTER WASSER

1. NICHT NORMAL

Es soll ein recht heißer Oktobertag in München gewesen sein, als ich beschloss, meine Mutter bei der Gartenarbeit zu unterbrechen und eine gute Woche zu früh aufzutauchen. Mein Vater verstieß gegen alle Verkehrsregeln, und wenig später war ich da. Arsch voran natürlich, vermutlich, um der Welt zu zeigen, was sie mich mal kann. Schon als Kind war ich ziemlich eigenwillig und hatte einen seltsamen Geschmack. Während andere Kinder nach Gummibärchen und Schokolade lechzten, war ich komischerweise mit Suppen-Brühwürfeln glücklich. Schon als junger Teenager las ich nicht *Bravo,* sondern *Metal Hammer* und *Geo.* Während meine Freunde Fußball spielten, erforschte ich am liebsten die Seen und Tümpel der Umgebung, um Kaulquappen und Molche zu fangen, sie zu Hause zu beobachten und wieder in die Freiheit zu entlassen. Ich fing an, die E-Gitarren meiner Rockidole von z. B. Motörhead oder Kiss nachzubauen und selbst wie besessen zu spielen. Mein Zimmer war eine Mischung aus Zoo, Musikbörse und Tauchladen, zwischen halb zerlegten Instrumenten und Verstärkern lagen Tauchflaschen und Neoprenflicken und -fetzen, darüber thronten auf Schränken und Gestellen Aquarien und Terrarien mit Amphibien und Reptilien aller Art. Als mir der Vater eines Freundes das Ei einer Tigerpython schenkte, brütete ich es in einer Zigarrenkiste aus. Die daraus geschlüpfte Schlange, meine geliebte Emma, begleitete mich, bis ich Deutschland verließ. Sie wurde bei einem Freund, dem ich sie schließlich schweren Herzens überließ, fast 30 Jahre alt. Meine Eltern ertrugen meine etwas besonderen Vorstellungen vom Leben mit einer Mischung aus Verwunderung und Verzweiflung.

Ich muss noch heute an eine etwas schräge Situation denken, die mich als Kind stark geprägt hat: Bei meiner geliebten Oma wohnte ein ehemaliger Fremdenlegionär zur Untermiete, der sich nach zahlreichen Kriegseinsätzen, über die er natürlich nie ein Wort verlor, alkoholkrank und kaputt zurückgezogen hatte und nur selten das Haus verließ, seine Miete aber wohl pünktlich zahlte. Als ich mir auf dem Schulhof mal ein blaues Auge geholt hatte, traf ich ihn tags darauf im Treppenhaus – und als er mein Veilchen sah, hörte ich ihn zum ersten Mal sprechen. Er packte mich bei den Schultern, sah mich aus hellen, wässrigen Augen an und sagte: „Junge, du darfst dich nicht schlagen lassen, niemals. Das Leben ist Krieg, und im Krieg ist kein Platz für Schwächlinge. Du musst überleben – nur das zählt. Verschaffe dir Respekt. Nur die Sieger werden respektiert." Einige Zeit später fand meine Oma den Mann tot in seiner Wohnung, aber ich habe seine Worte nie vergessen.

Wesentlich weniger archaisch prägte mich vor allem mein Großvater, der eigentlich Schreiner war. Doch irgendwann machte er in der Schweiz ein Café auf, das zum Treffpunkt für Künstler und Literaten wurde. Bereits mit 50 konnte sich mein geliebter Opa zur Ruhe setzen und sich den schönen Dingen widmen, seinem Garten, einem Glas Wein und natürlich meiner Oma. Vielleicht habe ich diese Seite von ihm: Das zu tun, was ich möchte, ist mir wichtiger, als das zu tun, was alle wollen. Und Geld ist mir bis heute nicht besonders wichtig. Lieber sitze ich im zerrissenen T-Shirt irgendwo am Meer und weiß, dass ich jederzeit tauchen gehen kann, als in einer dicken Karre nach einem Zwölfstundentag zurück ins Eigenheimgefängnis zu fahren. Okay, das mit dem Ruhestand mit 50 wird deswegen wohl leider nichts bei mir …

Manchmal habe ich bis heute, wo ich mit immer schnelleren Schritten auf diese Schallmauer 50 zulaufe, das Gefühl, ein wenig anders zu sein als meine geschätzten Mitmenschen. Und das leider nicht nur im Positiven. Meine kompromisslose Art hat auch schon enge Freunde verschreckt oder sogar ganz verjagt, aber sei's drum – ich muss mich ja selbst auch aushalten, warum sollte das meinen Freunden nicht gelingen können.

Aber warum mich seit Jahren heftige Lebensmittelallergien quälen und mich bei Festessen wie nach der geglückten Ärmelkanal-Durchquerung zum Außenseiter jeder Party-Gesellschaft machen, frage ich mich schon. Meine Mahlzeiten bestehen eigentlich ausschließlich aus Weißbrot, Pasta mit Butter und meinen geliebten Leberkäsesemmeln. Gebratenes Schweinefleisch mit Champignons geht komischerweise auch noch, ein bisschen gedünstetes Gemüse vielleicht noch dazu. Zu trinken gibt's seit Jahren nur Wasser und schwarzen Tee. Alkohol, Feierabendbier – keine Chance. Aber auch alles andere: Tabu bis absolut lebensgefährlich!

2. NACHTS IM WALD

Die Suche nach dem Kick, ist das einfach nur Abenteuerlust? Etwas, das einem angeboren ist? Schon als Kind lotete ich gerne meine Grenzen aus – und überschritt sie immer wieder.

Mit gerade einmal elf Jahren beschloss ich, ganz allein eine Nachtwanderung durch den Wald in der Nähe unseres Hauses zu machen. Mein Ziel war eine Kiesgrube mitten in diesem riesigen Forst, der tagsüber bei uns Kindern und Jugendlichen sehr beliebt war. Ich wollte dabei keine Lampe mitnehmen, sondern hatte mir vorgenommen, den Weg ohne Licht in völliger Dunkelheit zu finden. An einem Wochenende stellte ich meinen Wecker also auf Mitternacht, sprang, als es Zeit war, in voller Montur aus dem Bett und schlich zur Schlafzimmertür meiner Eltern, um sicherzugehen, dass sie fest schliefen. Dann kletterte aus meinem Fenster, sprang aufs Garagendach und von dort runter auf die Einfahrt. Zehn Minuten brauchte ich durch die Straßen bis zum Wald, der mit seinen Tannen und Kiefern stockfinster vor mir lag. Mir war eigentlich klar, dass sich darin keine Monster, Geister, Räuber, Wölfe oder sonst was Gefährliches rumtrieben – und trotzdem spürte ich die Angst vor dem Unbekannten, der Dunkelheit in mir hochkriechen. Ich folgte zunächst einem breiten Kiesweg, der Mond schien durch die Wolken, die Sicht war eigentlich noch ganz gut. Doch die Geräusche rechts und links des

Weges wurden in meinem Kopf immer lauter, immer bedrohlicher. Immer wieder blieb ich stehen und versuchte zu erspähen, ob sich zwischen den Bäumen etwas bewegte oder mir auflauerte. Blitzten da Augen? Was war das für ein Knacken? Aus leichtem Unbehagen wurde schnell nackte Panik. Die Fantasie ist ein übermächtiger Gegner. Aber trotzdem gab ich nicht auf, sondern lief immer weiter. Schließlich erreichte ich die kraterartige Kiesgrube. Riesig groß und unheimlich finster lag sie im Mondschein vor mir. Ich kletterte den steilen, rutschigen Geröllhang hinab und folgte der Uferlinie, um auf der anderen Seite wieder hinauf in den Wald zu steigen. Ich lief und lief, bis ich den nächsten Weg erreichte, und schlug mich bis nach Hause durch. Vier Stunden hatte ich für die Tour gebraucht. Als ich abgekämpft in mein Bett fiel, dämmerte es bereits. Die Angst, die mich quälte, die mir zusetzte, die ich niederkämpfte, die Überwindung, immer weiter zu gehen, einfach stur einen Fuß vor den anderen zu setzen, haben mich damals tief aufgewühlt. Diese Nacht steht mir bis heute klar vor Augen. Bis heute wundere ich mich, was mich damals zu diesem Abenteuer getrieben hat. Ich bin mir sicher, dass ich kleiner Bursche als ein anderer Mensch von diesem speziellen Ausflug zurückkehrte.

Ich hatte meine Sinne geschärft, gelernt, mit schrecklicher, niederdrückender Angst umzugehen, die mir später bei vielen schwierigen Tauchgängen ein verlässlicher wie vertrauter Begleiter war. Angst ist wichtig. Sie ist ein Warnsignal, das uns unsere Grenzen aufzeigt. Wir wissen durch sie, dass wir uns in Gefahr begeben.

In gewissen Situationen im Leben ist es aber angebracht oder sogar unabdingbar, Ängsten mit dem Verstand zu begegnen, sich nicht diffusen Gefühlen zu überlassen, nicht in Panik zu geraten, sich nicht von Angst bezwingen zu lassen. Wer sich der Angst ergibt, kann niemals Grenzen überwinden.

Meinen beiden kleinen Söhnen würde ich so eine Aktion trotzdem verbieten …

3. KOSTAS

Die ersten Sommerferien meines Lebens, ich war sieben Jahre alt, verbrachten wir auf Kreta. Ich war ununterbrochen im Meer, und wenn mich meine Eltern nicht aus dem Wasser gescheucht hätten, wäre ich wohl auch über Nacht dringeblieben. Ich war ein ziemlich guter Schwimmer. Ich war im Verein und trainierte dreimal die Woche. Und so schnorchelte ich Stunde um Stunde entlang der felsigen Küsten, erforschte die Umgebung in der Nähe des Strandes unter Wasser und beobachtete fasziniert die bunten Fische und exotischen Meeresbewohner.

Eines Tages, ich lag regungslos im Wasser, um den Oktopus unter mir nicht zu verscheuchen, überfuhr mich ein Boot. Der Bootsführer hatte mich im grellen Sonnenlicht, das sich im Wasser spiegelte, nicht gesehen, reagierte aber geistesgegenwärtig und würgte umgehend den Motor ab, nachdem er mich mit einem dumpfen Knall erwischt hatte. Ich kam mit einem großen blauen Fleck am Rücken und ein paar leichten Schnitten an den Beinen davon. Der Mann in dem Boot hieß Kostas und war ein griechischer Ex-Marinetaucher. Er sprach ein wenig Deutsch, und der Unfall war ihm unendlich peinlich. Nachdem er mich versorgt und einigermaßen beruhigt hatte, brachte er mich zu meinen Eltern an den Strand. Dabei entschuldigte er sich tausendmal und fragte, wie er dieses Unglück wiedergutmachen könne. Während meine Eltern nicht recht wussten, wie sie sich verhalten sollten und wohl auch keinen großen Alarm machen wollten – ihr wilder Sohn hatte sicherlich mal wieder selbst Schuld –, nahm ich all meinen Mut zusammen und zupfte den großen, muskulösen Mann am Ärmel. Ich hatte die Tauchflaschen im Boot gesehen, und ich fragte ihn, ob er mir nicht das Tauchen beibringen könne. Damit überrumpelte ich nicht nur Kostas, sondern auch meine Eltern. Ich bin ihnen ewig dankbar dafür, dass sie damals nach kurzem Zögern einverstanden waren. Ob sie es später bereut haben? Vielleicht hätten sie sich für ihren Sohn einen etwas normaleren, bürgerlichen und sichereren Werdegang gewünscht.

Kostas versprach also, mich am nächsten Morgen zum Tauchen abzuholen. Ich war so aufgeregt, konnte nichts essen, an Schlaf war auch nicht zu denken. Um sechs Uhr hielt ich es nicht mehr aus, sprang aus dem Bett und wartete sehnsüchtig, dass Kostas endlich mit seinem Boot auftauchte. Ich rannte an den Strand, sprang an Bord, und wir stachen in See.

Wir fuhren in eine kleine Bucht, wo Kostas ankerte und ich meine erste Einweisung in das, was mein Leben werden sollte, bekam. Da er keinen passenden Tauchanzug für mich hatte, gab er mir alte Wollunterwäsche, die ich in zwei Lagen übereinander anzog. Sie kratzte furchtbar, aber das war mir egal. Außerdem gab mir Kostas eine Tauchflasche, alt und rostig, die Bänderung direkt an der Flasche befestigt, ein altes Auerventil obendrauf und eine Reserveschaltung. Als er schließlich noch einen Lungenautomaten Spiro 8 aus einer Tasche zog und an der Flasche befestigte, war ich im siebten Himmel. Der Automat hatte nur eine erste und zweite Stufe, die ursprüngliche Verchromung war nur noch fragmentarisch erhalten – aber hey, es war ein Lungenautomat! Einen Finimeter zum Ablesen des Flaschendrucks, heute Standard für jeden Hobbytaucher, gab es nicht.

Kostas Einführung war kurz, aber eindringlich: „Bleib immer bei mir." Und mit einer Bewegung zu seiner rechten Schulter: „Wenn Ohren wehtun, machst du so" – er blies mit zugehaltener Nase die Backen auf. Den Druckausgleich kannte und beherrschte ich bereits von meinen Schnorchelausflügen – kein Problem. „Wenn du nicht mehr atmen kannst, gibst du mir ein Zeichen, ziehst an der Stange, dann müssen wir rauf." Das war's auch schon. Als er mir die schwere Flasche auf den Rücken schnallte, wäre ich fast hintenübergekippt. Dann die Flossen an die Füße, einen riesigen Tiefenmesser an den Arm, Maske auf die Nase und ab ging's ins warme, herrliche, azurblaue Mittelmeer. Der Traum konnte beginnen …

Ich sackte nach unten wie ein Stein und schlug nach wenigen Sekunden in acht Meter Tiefe auf dem sandigen Grund auf. Kostas war blitzschnell neben mir und nahm als Erstes seine Tauchermaske ab, setzte sie wieder auf – und auf wundersame Weise verschwand das Wasser aus ihr. Er sah mich an, nickte und nahm mir meine ab. Zum Glück kämpft man als Kind nicht mit all den Ängsten, dem Wissen um Gefahren und Probleme, die einen als Erwachsenen belasten, und so ließ mich das Wasser, das in meine Nase schoss, mehr oder weniger kalt – das musste dann wohl so sein. Ich bekam die Maske zurück und setzte sie auf. Da ich mir nicht erklären konnte, wie das Wasser bei Kostas verschwunden war, nahm ich an, er hätte es durch die Nase eingesaugt und runtergeschluckt. Und genau das tat ich dann auch. Tauchen war offensichtlich ein harter Sport. Mein Mentor war zufrieden (ich brauchte sehr, sehr lange, um herauszufinden, dass man die Maske einfach ausblasen kann), schon konnte es losgehen. Wir tauchten einen Abhang hinab und schon bald umgaben uns große, glatte Felsen, dicht bewachsen von hin- und herwogenden Pflanzen. Und überall glitzerten und glänzten Fische jeder Größe, in allen Farben – wie in meinem Aquarium, nur viel, viel größer! Ich kann mich noch heute, über 35 Jahre und über 10 000 Tauchgänge später, an diesen Traum erinnern. Eine neue, unwirkliche Welt, deren Bilder sich mir für immer einbrannten. Wir gelangten in 30 Meter Tiefe, eigentlich vollkommen unverantwortlich für einen kleinen Jungen, der noch nie tiefer als auf den Grund eines Sprungbeckens im Schwimmbad getaucht war. Doch Kostas hatte genauso wenig Angst wie ich. Er zeigte mir das Wrack eines Fischerboots, das dort gesunken war. Ich würde noch heute dort sein und staunen, wenn meine Atmung damals nicht Zug für Zug schwerer geworden wäre. Ich stupste Kostas an und deutet auf meinen Automaten. Er nickte und bedeutete mir, an der Reservestange zu ziehen, deren Mechanismus die restliche Luft freigeben würde. Danach konnte ich wieder besser atmen. Wir stießen uns vom Boden ab und schwammen zurück zur Oberfläche. Ein paar Meter unter dem Boot hielten wir uns an der Ankerleine fest und warteten. Ich genoss jede Sekunde. Nach ein paar Minuten wurde das Atmen wieder schwer und wir schwebten die letzten Meter durch das sonnendurchflutete Wasser nach oben, an die Luft. Mein erster Tauchgang. 32 Meter Tiefe, 43 Minuten …

Den Rest unseres Urlaubs fuhr ich jeden Tag mit Kostas zum Tauchen raus. Wir brieten Fische, die er mit der Harpune erjagt hatte, in einer kleinen Pfanne über einem Feuer direkt am Strand. Ich lernte, wie man mit einer Handleine fischt, Haken anbindet, wie man eine Pfeife stopft und anzündet. Und Kostas lehrte mich, dass das Meer eine bessere und ehrlichere Geliebte sei als jede Frau – interessante Erkenntnisse, wenn man sieben Jahre alt ist. Damals konnte ich damit wenig anfangen, doch Jahre später musste ich oft an diese Weisheit meines alten griechischen Freundes denken.

Am letzten Tag vor unserer Abreise heulte ich Rotz und Wasser und wollte um nichts in der Welt zurück nach Deutschland. Kostas nahm mich in die Arme und schenkte mir zum Abschied eine Pfeife aus Olivenholz, so eine, wie er sie rauchte. Ich halte sie bis heute in Ehren, auch wenn ich mir das Rauchen nie angewöhnen konnte. In diesen Ferien notierte ich 19 Tauchgänge in mein kleines, selbst entworfenes Logbuch und hielt fest, was ich unter Wasser alles erlebt hatte, in dieser neuen, fremden Welt, die mich nie wieder loslassen sollte.

Kostas, der mein Leben so stark beeinflusst hat wie sonst niemand, habe ich indes nie wiedergesehen. Aber ich habe ihn nie vergessen, und ich denke noch heute oft an ihn.

4. HIGHTECH

Viele Menschen machen erst als Erwachsene diese Erfahrung, etwa wenn sie sich im Urlaub am Strand überreden lassen, die Sache mal auszuprobieren und plötzlich unter Wasser schweben und überwältigt in bunte Fischschwärme starren. Ich war bereits als Kind mit dem Tauchvirus infiziert worden, der leider unheilbar ist.

Mit zehn Jahren ergatterte ich auf einem Flohmarkt in München ein wundersames Gerät, das so ähnlich aussah wie das Tauchgerät meines Idols Hans Hass, des österreichischen Unterwasserpioniers. Der Verkäufer erklärte mir, wie es funktionierte: Die ausgeatmete Luft werde ins Innere des Geräts geleitet und dort durch eine geheimnisvolle Substanz gereinigt, danach könne man sie wieder einatmen. Lediglich Sauerstoff müsse man diesem kleinen Kästchen hinzufügen, dann habe man Luft für stundenlange Tauchgänge. Ein Zauberkästchen! Ein Traum! Das Ding musste ich haben!

Es dauerte nicht lange, bis ich mit meinem ersten Sauerstoffkreislaufgerät in dem Kiesweiher mitten im Wald, meinem mir bestens vertrauten Wohnzimmer, abtauchte. Später fand ich heraus, dass es sich bei dem Gerät um einen alten Dräger-Tornister handelte, konstruiert für den Einsatz in Bergwerksstollen. Für die Füllung der Flasche mit reinem Sauerstoff sorgte ein Kumpel bei der Feuerwehr, doch blieb ein furchtbarer Gasgeschmack mein ständiger Begleiter, der mir beim Tauchen tierische Kopfschmerzen bereitete. Dass man den Atemkalk, der beim Kauf als, grünlich schimmernder, stinkender Block im Gerät lag, nach jedem Tauchgang austauschen musste, damit er das Kohlendioxid absorbiert, hatte mir natürlich niemand verraten.

Ich überstand die kleine Giftschleuder unbeschadet. Vielleicht hatte mein Schutzengel schon damals ein echtes Taucherherz. Und trotz dieser eher zwiespältigen ersten Erfahrung tauche ich heute am liebsten mit einem Sauerstoffkreislaufgerät.

Fast schon nostalgische Erinnerungen habe ich an meinen ersten Lungenautomaten, einen alten PA38. Auch ihn hatte ich schon als Kind aus Altbeständen geschnorrt. Er hatte nicht mal ein Mundstück, da er eigentlich an eine Vollgesichtsmaske angeschlossen wurde. Nachdem ich den Automaten einige Male verloren hatte, weil ich den Metallstutzen mit den Zähnen nicht richtig festhalten konnte, bastelte ich mir eine Art Mundstück aus Klebeband und Kork, das mich jahrelang begleitete. Mit diesem Ding erkundete ich Nebengewässer der Isar und das Ufer des Starnberger Sees, Ziele, die ich mit der S-Bahn erreichen konnte und für die mein Schülerticket reichte. Ich war vollkommen unabhängig.

Bei diesen Ausflügen mit der S-Bahn gab ich sicher ein interessantes Bild ab: Zwischen erwachsenen Pendlern mit Aktentaschen und Einkaufstüten ein Junge, der eigentlich in die Schule oder auf den Bolzplatz gehörte, mit einer riesigen, vollgestopften Ausrüstungstasche und einer rostigen Pressluftflasche auf dem Rücken.

5. JAGD AUF ROTER OKTOBER

Zu meinem ersten Bergungseinsatz kam ich, als mich ein Schulfreund ansprach, der von meiner Tauchleidenschaft wusste. Er fragte, ob ich seinem großen Bruder helfen könne. Der war begeisterter Modellbauer und hatte bei einer Testfahrt in einem Baggersee nahe der Autobahn nach Stuttgart ein U-Boot-Modell verloren, das zwar problemlos ab-, aber eben nicht mehr aufgetaucht war.

Ich packte also an einem warmen Sommerabend meine Sachen zusammen, der Bruder meines Mitschülers holte mich ab und wir fuhren zu dem Weiher, in dem er seinen Schatz versenkt hatte. Ich war gerade Mal zehn Jahre alt und ganz klar der Star der Bergungsaktion. Sowohl der erwachsene Modellbau-Bruder wie auch dessen Freunde hatten nach dem wohl ziemlich teuren Modell geschnorchelt, aber keine Chance gehabt, es aufzuspüren, das Gewässer war gut zehn Meter tief. Nun lagen alle Hoffnungen auf dem verschrobenen Knirps und seiner alten, zusammengeschnorrten und -gestückelten Ausrüstung. Ich tauchte also ab und begann den Weiher, der erstaunlich gute Sicht hatte, systematisch abzuschwimmen. Vor, zurück, vor, zurück zog ich meine Bahnen, den Blick immer konzentriert in die Tiefe gerichtet. Der Boden war komplett mit Wasserpflanzen bedeckt, sodass fraglich war, ob man das Boot überhaupt sehen würde, selbst wenn man direkt darüber schwamm. Ich tauchte etwas über eine Stunde, bis meine

Reserveschaltung ansprang und mich zur Rückkehr zwang. Anstatt direkt aufzutauchen, nahm ich – schon ziemlich professionell – per Kompass Kurs zurück zum Einstieg und hatte einfach Glück. Kurz vor dem Ufer, in nur wenigen Metern Tiefe, lag das etwas eineinhalb Meter lange U-Boot auf einer freien Kiesfläche. Ich jubelte innerlich vor Freude, klemmte mir das Boot kurzerhand unter den Arm und begab mich die letzten Meter zurück an die Oberfläche, gerade noch rechtzeitig. Meine Tanks waren fast leer. Ganz cool überreichte ich das Modell seinem glücklichen Besitzer und nahm genauso cool die Anerkennung und das Schulterklopfen entgegen, während ich bedächtig meine Ausrüstung ablegte. So unbedeutend und harmlos die ganze Aktion an sich war, so sehr hat sie mich doch geprägt: Ich hatte gerade erfahren, was mich wirklich glücklich machte.

6. HAIFUTTER

In meinen letzten Sommerferien, die ich gemeinsam mit meinen Eltern verbrachte, waren wir in Agadir. Die Küste von Marokko fand ich ziemlich enttäuschend, für mich als Taucher gab sie nicht viel her. Das Meer war hier eine langweilige, braune Brühe, alles andere als ein einladendes, klares Tauchgewässer.

Ich erkundete mit meinem Vater den weitläufigen Fischereihafen und vertrieb mir die Zeit über Wasser so gut es ging, als ich einen gestrandeten Fischkutter entdeckte, der ein paar Hundert Meter vor der Küste festhing. Offenbar hatte sich der Kapitän bei Ebbe verschätzt und war auf eine Sandbank aufgelaufen. Sofort wusste ich, was zu tun war! Ein gestrandetes Schiff war genau nach meinem Geschmack. Ich holte Flossen und Maske und schwamm zum Kutter hinaus. Je näher ich kam, desto mehr tote Fischen trieben im Wasser umher. Die Ladung war offenbar ins Meer gekippt worden, um das Schiff leichter zu machen und es wieder frei zu bekommen. Ich kam mir vor, als würde ich in der gefluteten Kühltheke eines Supermarkts paddeln. Das war ziemlich eklig. Ich versuchte den Kopf über der Suppe aus Fischkadavern zu halten, während ich das havarierte Boot umrundete. Plötzlich verspürte ich einen Schmerz an der rechten Hüfte. Etwas Rauhes, Hartes hatte mich gestreift, als hätte mir jemand grobes Schmirgelpapier über die Haut gezogen. Dann nahm ich eine Bewegung im

Wasser wahr, etwas Großes schwamm neben mir, streifte mich noch einmal und im nächsten Augenblick verschwand ein Teil der Fischsuppe mit einem lauten Schmatzen. Ich ahnte, dass ich nicht hier sein sollte, und schwamm betont langsam zurück, ohne mich umzudrehen. Meine Angst wurde vom Schmerz unterdrückt: Als ich nach endlosen Minuten zurück an den Strand taumelte, sah ich, dass meine gesamte rechte Körperseite blutig aufgeschürft war. Der Hai hatte bei diesem Buffet zum Glück genug zu fressen gehabt, um mich nicht noch als Nachtisch in Betracht zu ziehen. Ich wusste, dass ich riesiges Glück gehabt hatte. Lektion gelernt.

7. KÖNIG DER TIEFE

Zu den Idolen meines Lebens gehört Jaques Mayol. Der legendäre Apnoetaucher, dessen Leben verfilmt wurde in dem großartigen Streifen *The Big Blue – Im Rausch der Tiefe,* der Millionen Menschen faszinierte, lebte damals auf Elba und gab manchmal Tauchtrainings und -lehrgänge für Jugendliche.

Ich nervte meine Eltern so lange, bis sie resigniert beigaben und mir die Teilnahme zahlten. Eine Bekannte fuhr mich nach Livorno und schmiss mich in Piombino an der Fähre raus. Ich setzte nach Elba über und wurde zusammen mit vier anderen Jugendlichen von Mayol persönlich am Hafen in Empfang genommen. Ich sprach nur Deutsch, mein Englisch war eine Vollkatastrophe, die anderen Jungs (nein, Mädchen waren nicht dabei) kamen aus Italien, Spanien und Frankreich. Mayol selbst sprach französisch und italienisch. Wir waren in seinem wunderschönen Haus oberhalb des Golfs von Lacona untergebracht, wo wir uns die beiden Gästezimmer teilten. Am Nachmittag begann das Training. Die Sprachprobleme waren schnell vergessen, denn Mayol führte uns durch zahlreiche Atemübungen aus dem Pranayam Yoga und nahm uns dann direkt mit ins Wasser. Er wollte sich zunächst ein Bild von unseren Fähigkeiten machen. Wir schwammen mit ihm zusammen im azurblauen Meer, und er demonstrierte uns in der ihm eigenen Art seine fast fischähnliche Technik.

Schon am ersten Tag machten wir Fortschritte, nach drei Tagen fühlten wir uns wie Wasserwesen. Obwohl ich schon Hunderte Tauchgänge im Blut hatte und inzwischen fünf Mal die Woche im Schwimmverein trainierte, war das Können dieses Mannes unglaublich.

Mayol gab seine Liebe zum Meer und dessen Bewohnern in einzigartiger Weise an uns weiter. Selbst heute, über 30 Jahre später, habe ich klare Erinnerungen an diese Tage und die lehrreichen Stunden im Meer. Als er sich 2001 das Leben nahm, war ich unendlich traurig. Und auch heute halte ich, wann immer ich auf Elba bin und an seiner Villa vorbeifahre, inne, um des Königs der Tiefe zu gedenken.

8. DER TOD TAUCHT MIT

Mit meinen 16 Jahren war ich dem Tauchen Haut und Haaren verfallen – und ich wollte mehr. 800 Tauchgänge standen in meinem Logbuch, ich verschlang Bücher über die Pioniere der Tiefe und ihre Expeditionen und entdeckte schließlich meine Leidenschaft für das Höhlentauchen. Dunkelheit, Enge und Gefahren dieser unbekannten Tiefen zogen mich magisch an, der damit einhergehende Nervenkitzel übertönte die Angst. Meine Ausrüstung baute ich anhand der Beschreibungen und Bilder in meinen Büchern um. Doch um sie zu testen und weiter zu verbessern, musste ich nach Österreich. Dort, in den Bergen Tirols, warteten die ersten tiefen Höhlen und Stollen auf mich! Ein Kumpel fuhr mich an Wochenenden mit seinem klapprigen Golf immer wieder dorthin. Auch an jenem heißen Julitag setzte er mich an der entlegenen Straße im Wald ab, wo ich meinen Kram auspackte. Wie immer versprach er, mich ein paar Stunden später wieder abzuholen, dann fuhr er davon.

Warum faszinierte mich genau diese Höhle so? Ich hatte begonnen, das komplizierte System im Berg zu erkunden, war dabei in rund 40 Metern Tiefe sogar schon in Lebensgefahr geraten, als ein Verbindungsstück zwischen meinen zwei Flaschen durchbrach und ich es nur mit Mühe zurück durch die Gänge an die Oberfläche schaffte. Doch solche Zwischenfälle bremsten mich nicht, sie stachelten mich sogar noch an.

Hinein gelangte man über die Quelle, die aus der Höhle entspringt. Man taucht etwa acht Meter tief ab, wo der erste, flache Gang beginnt, der eher eine breite, horizontale Spalte ist. Nach etwa 80 Metern geht es leicht bergauf, die Wände rücken hier jäh näher. Schließlich taucht man auf – und atmet plötzlich Luft! Dann zwängt man sich seitlich durch einen weiteren, sehr engen Gang (die Flasche muss man abnehmen und hinter sich herziehen, so eng ist es dort), bevor es zurück ins Wasser geht. Über verwinkelte, enge Stellen windet man sich wieder hinab in die Tiefe – bis sich plötzlich der Boden unter einem öffnet. Dort ist es, als schwebte man unter dem Dach einer riesigen, finsteren Felskathedrale ohne Boden. In dieser Kathedrale in der Tiefe des Berges wollte ich versuchen, den Grund zu erreichen …

Vier Flaschen aus alten Feuerwehrbeständen mit je 15 Litern Luft hatte ich zusätzlich zu meiner normalen Ausrüstung dabei. Die schleppte ich gerade von der Straße zum Wasser, als mir zwei junge Frauen auffielen, vielleicht Anfang 20, die mich neugierig ansahen. Ich hatte hier noch nie andere Menschen getroffen und nickte schüchtern, bevor ich meine Sachen ablegte und zurück zur Straße ging, um den Rest zu holen. Als ich anfing, meine Ausrüstung zusammenzubauen, kam eines der Mädchen zu mir und fragte, ob ich hier tauchen wolle. „Nee, ich bin zum Bergsteigen da“, sagte ich etwas rotzig. Sie ließ sich nicht abschrecken und fragte, wie lange ich unten bleiben wolle. „So zwei, drei Stunden vielleicht“, antwortete ich etwas freundlicher und schraubte dabei weiter Lungenautomaten und Flaschen zusammen. Ich hielt inne, als ich sie mit einem Anflug von Panik sagen hörte: „Unsere Freunde sind schon seit fast drei Stunden weg, und die hatten nicht so viel Zeug dabei wie du. Das sieht bei dir viel professioneller aus. Wie lange kann man denn mit einer Flasche tauchen?“ Die Frage ließ mich erschaudern. Noch nervöser machte mich ihre Antwort, als ich nach der Ausrüstung ihrer Freunde und ihrer Taucherfahrung fragte: Die beiden jungen Männer hatten wenige Wochen zuvor im Ägypten-Urlaub einen Kurs besucht. Jetzt hatten sie sich in den Kopf gesetzt, die verwinkelte Höhle zu erkunden – jeder mit einer Zehn-Liter-Flasche! Und nur einer hatte eine Lampe dabei, und keiner von beiden eine Sicherungsleine … Ich sprang so schnell es ging in meinen Anzug, warf meine beiden Hauptflaschen ins Wasser, fixierte meine Leine an einem Baum und tauchte mit einem schrecklichen Gefühl im Bauch los. Mein Mund war trocken, die Kehle schnürte sich zu. Ich hatte Angst. Angst davor, das Falsche zu tun. Angst vor dem, was ich gleich finden würde. Aber auch Angst davor, die beiden nicht zu finden.

Die Sicht war extrem schlecht. Meine Lampe erhellte nur braune Schlammwolken, die an mir vorbeizogen. Vorsichtig tastete ich mich Meter um Meter voran. Meine Leine hatte Knoten – alle zehn Meter einen. Als ich den achten Knoten spürte, wusste ich, dass ich den flachen Teil der Höhle fast geschafft hatte. Kurz darauf tauchte ich in klarem Wasser – keine Spur von den Jungs. Ich kehrte um, hielt mich dabei etwas mehr rechts. Meine Leine zog ich wie eine Schlinge hinter mir her über den vollkommen flachen Höhlenboden, damit mir nichts auf meinem Weg entgehen konnte. Es dauert nicht lange und ich schwamm in den ersten der beiden

Taucher, der leblos im Wasser trieb. Seine Maske war weg, die Flasche leer. Ich kämpfte meinen Schrecken nieder, atmete tief, um mich zu beruhigen, schob ihn dann langsam vor mir her – und war nun froh über die schlechte Sicht. Schon schwammen wir in den zweiten Jungen. Ich befestigte meine Seilrolle an den beiden Leichen, zog das Seil hinter mir her und tastete mich an meiner Leine langsam nach draußen. Nach endlosen Minuten wurde es endlich heller. Die beiden hatten es auf ihrem Rückweg bis kurz vor den Ausgang der Höhle geschafft. Ich wechselte eine Flasche, tauchte zurück und zog erst den einen, dann den anderen aus ihrem nassen Grab. Als ich an die Oberfläche kam, war die Hölle los: Die beiden Mädchen hatten inzwischen Polizei und Feuerwehr alarmiert. Mit schmerzverzerrten Gesichtern und vor den Mund geschlagenen Händen standen sie am Ufer. Ich wäre am liebsten sofort wieder abgetaucht. Schweigend und mit gesenktem Blick ging ich an ihnen vorbei.

Als mich mein Kumpel oben an der Straße abholte und fragte, wie es war, konnte ich nur „Okay“ sagen. Auch beim Abendessen mit meinen Eltern hatte ich nicht den Mut, über den Vorfall zu sprechen – für sie war ich nur mit Freunden draußen gewesen.

Zwei Wochen später erreichte ich den Boden der Höhle – in 67 Metern Tiefe.

9. SCHEIN UND SEIN

Mir wurde mir immer klarer, dass es an der Zeit war, einen Tauchschein zu machen, wollte ich meiner Leidenschaft weiterhin ungehindert nachgehen. Bei vielen Tauchzielen musste man einfach einen Schein vorweisen. Und auch das Befüllen der Flaschen war schwierig geworden, weil mein Kumpel bei der Feuerwehr aufgehört hatte.

Ich fand eine Tauchschule in der Nähe des alten Flughafens München-Riem, die mir geeignet erschien. Ich erklärte dem Chef, dass ich schon tauchen könne und einfach nur die Prüfung machen wollte. Der erzählte mir erst mal lang und breit von seiner riesigen Erfahrung, die er in über 250 Tauchgängen erlangt hatte. Ich hielt den Mund, unterschrieb und ein paar Tage später pünktlich zu meinem 1 000. Tauchgang legte ich erfolgreich die Prüfung ab. Meine erste Zertifizierung – das erste Level in Bronze, als CMAS-Taucher.

Auch die Tauchexkursionen mit der Schule, denen ich mich anschloss, passten nicht so richtig zu meinen Fähigkeiten bzw. diese nicht zu den Grenzen der reinen Tauchlehre. Als wir einmal einen Ausflug zum Mondsee in Österreich machten, erzählte ich den anderen Tauchern, dass ich eine Stelle wüsste, an der alte, historische Glasscherben auf dem Grund lagen. Alle waren Feuer und Flamme und wollten unbedingt mit mir dorthin. Nach dem Abtauchen schwamm ich also zügig den mir bekannten Weg eine Steilwand hinab und dann eine Schlammhalde hinunter, wo ich den Glasscherbenhaufen auch wiederfand – in 47 Metern Tiefe. Als ich mich umdrehte, blickte ich in große, angsterfüllte Augen. Alle gestikulierten wild herum und wollte anscheinend sofort umdrehen. Noch niemand aus der Gruppe war in einer solchen Tiefe gewesen, die mit Luft in den Flaschen auch nicht ganz ungefährlich ist. Aber meine Begleiter hatten sich wohl keine Blöße geben wollen, oder möglicherweise hätten sie allein auch nicht zurückgefunden.

Am Ende brachte ich alle gesund zurück an die Oberfläche, musste mir danach aber einiges anhören. Unmöglich, unverantwortlich, egoistisch, das ginge gar nicht … Ich merkte, dass ich mich unter Wasser wesentlich wohler fühlte, wenn ich mein eigenes Ding machen konnte und mich nicht nach den Bedürfnissen und Befindlichkeiten anderer richten musste.

10. GEFANGEN

In der Höhle, aus der ich die Leichen der beiden jungen Männer hatte bergen müssen, hätte es mich ein paar Monate später fast selbst erwischt.

Beim Versuch, einen weiteren Gang in der Höhle in etwa 50 Metern Tiefe zu erkunden, hatte ich meine Leine nicht an kritischen Passagen wie Kanten oder Gabelungen an der Wand fixiert, sondern sie hing lose in der Höhle – ein unverzeihlicher Fehler.

Ab einem bestimmten Punkt veränderte sich die Struktur der Höhle, die Decke wies mehrere sogenannte Kamine auf, die alle in einer Sackgasse endeten. Aus einem dieser Löcher baumelten zwei Beine eines Trockentauchanzugs mit Flossen herunter. Ich zuckte zurück, durch die Stickstoffnarkose in dieser Tiefe dauerte es aber ein paar Sekunden, bis ich realisierte, was mich da gestreift hatte: die Leiche eines Tauchers. Ich geriet in Panik und konnte mich nur schwer beruhigen. Als ich die Orientierung wiederfand und den Rückweg antreten wollte, merkte ich, dass sich meine Leine verrissen und in einem Spalt verklemmt hatte, durch den vielleicht ein Fisch passte, sicherlich aber nicht ich. Mein Puls schoss erneut in die Höhe und ich geriet abermals in Hektik. Die zusätzliche Zeit und der Stress hatten meine Luftreserven stark dezimiert. Mit den letzten Atemzügen schaffte ich es zu einer kleinen Vier-Liter-Flasche, die ich zur Sicherheit in einem der Gänge deponiert hatte. Mit ihr gelangte ich in die trockene Passage der Höhle. Hier konnte ich zwar atmen – aber ich saß auch fest wie ein Gefangener in einer kleinen, feuchten, stockdunklen Zelle. Hier war erst mal Endstation, denn natürlich war jetzt auch die Notflasche leer. Was tun? Mich trennten noch gut 80 Meter von der rettenden Oberfläche. Ich musste eine Technik ausprobieren, von der ich bisher nur einmal etwas gelesen hatte – jetzt hing mein Leben davon ab. Ich begann, mein Jacket vollzuatmen und es mit der Pendeltechnik zu versuchen, also: Luft reinpusten, Luft wieder einatmen, ganz einfach. Dabei war ich dem Auftrieb ausgeliefert und kämpfte mich an der rauen, scharfkantigen Decke des Felsgangs entlang, immer in und aus meinem Jacket atmend – und schaffte es nach endlos erscheinenden Minuten an die Oberfläche, bevor der immer geringer werdende Sauerstoffanteil mich hätte ohnmächtig werden lassen. Ich bezahlte die Aktion mit höllischen Kopfschmerzen und schrecklichen Angstzuständen, ausgelöst durch den hohen Kohlendioxidgehalt meiner Atemluft. Aber immerhin, ich lebte. Ja, ich fühlte mich lebendiger denn je.

Später erfuhr ich, dass der bedauernswerte Taucher, den ich zufällig entdeckt hatte, schon seit den späten 50er-Jahren vermisst wurde. Um ihn zu bergen, war es viel zu weit bis zurück an die Oberfläche, die verwinkelten Gänge waren zudem viel zu gefährlich. Er hat dort sein ewiges Grab gefunden.

11. GANZ UNTEN

Immer weiter, immer tiefer: Tauchen war schon immer ein Sport der Extreme – und der extremen Typen. Grenzen wollen gefunden und überwunden werden. Was hält der menschliche Körper aus? Wo versagt die Psyche? Wer hat die besten Nerven, wer zeigt Angst oder Unsicherheit?

Leider geht dieses Spiel viel zu oft schief, und zu große Risikobereitschaft oder jugendlicher Leichtsinn haben beim Tauchen, wo der Mensch seine natürliche Umgebung verlässt, eigentlich nichts zu suchen. Unsere Lungen sind an Luft gewöhnt, die zu 21 Prozent aus Sauerstoff und zu 78 Prozent aus Stickstoff besteht, ein paar Edelgase und Kohlendioxid kommen in Bruchteilen hinzu. Beim Tauchen verändert sich der Umgebungsdruck und mit ihm auch die Wirkung der beiden Gase auf unseren Organismus. Stickstoff wird ab etwa 30 Metern Tiefe problematisch, eigentlich sind die Symptome ähnlich wie nach ein paar Gläsern Bier zu viel, das Phänomen Tiefenrausch ist allgemein bekannt: Taucher, die einfach nicht mehr umkehren und immer tiefer gehen, einem imaginären Ziel entgegen, das in Wahrheit der eigene Tod ist, und für immer von der Dunkelheit verschluckt werden …

Man wird langsamer in Kopf und Körper, die Reaktionszeit sinkt. Manche werden euphorisch oder übermütig, andere ängstlich – und tauchen wie beschrieben dennoch immer tiefer, in den sicheren Tod. Sauerstoff wird, wenn man mit normaler Luft in den Flaschen taucht, ab etwa 66 Metern Tiefe giftig. Diese Sauerstoffvergiftung schlägt direkt aufs zentrale Nervensystem, der Taucher bekommt einen Krampfanfall, wird bewusstlos und ertrinkt. Trotzdem hielten diese Fakten viele Taucher nie davon ab, diese Grenzen auszutesten. Denn: Wie bei vielen giftigen Stoffen und Substanzen, zum Beispiel Alkohol oder Drogen, reagieren die Menschen auch hier sehr unterschiedlich. Und auch ich machte meine Erfahrungen mit dem Thema.

Der Walchensee in den bayerischen Alpen war in meiner Jugend der Tauchplatz, um meine persönlichen Grenzen nicht nur zu testen, sondern viel zu oft deutlich zu überschreiten. Heute bin ich nicht stolz auf die Zeit damals, dafür waren die Aktionen an der imposanten, 200 Meter tiefen Steilwand viel zu gefährlich, dafür verloren hier viel zu viele Menschen ihr Leben – doch diese Wand war und ist eben ein Magnet für viele Sport- und Tieftaucher. Auch für mich, als ich 16 war. Die Risiken, die oft tödlichen Konsequenzen ignorierte ich, jung, dumm und vollkommen überzeugt, unsterblich zu sein.

Aus einer gewissen Eigendynamik heraus entstand damals eine Gruppe, die sich immer mittwochsabends dort traf, und wir hatten alle nur ein Ziel: So tief wie möglich zu tauchen. Die übliche Methode war, vom Ufer etwas wegzuschwimmen, bis man freies Wasser unter sich hatte, die Augen zu schließen und sich, eine Hand am Inflator des Jackets, in die dunkle Tiefe fallen zu lassen – bis einem so schummrig wurde, dass man an den Lufteinlass drückte, abgebremst wurde und durch die einströmende Luft anfing, wieder nach oben zu steigen. Sobald man sich besser fühlte, ließ man etwas Luft entweichen, stabilisierte sich, kontrollierte auf dem Instrument, wo man stand und wie tief man es geschafft hatte – und begann den restlichen Aufstieg mit seinen langwierigen Deko-Stopps. Alle in dieser Gruppe knackten die 100-Meter-Marke, bewegten sich also in der absoluten Taucher-Todeszone.

Auch ohne Zahlen zu nennen muss ich sagen: Es war ein Himmelfahrtskommando. Schwere Unfälle ließen nicht lange auf sich warten. Einer der Mittaucher konnte seinen Aufstieg nicht mehr bremsen, schoss unkontrolliert mit den Beinen voran aus über 100 Metern Tiefe an die Oberfläche. Er war schon bewusstlos, als er oben ankam, blutiger Schaum schoss aus jeder Körperöffnung. Er starb vor unseren Augen. Erstaunlicherweise war uns dieser Unfall überhaupt keine Lehre. Nach dem ersten Schock war sich erschreckend schnell jeder sicher, dass ihm so etwas nicht passieren konnte. Ich allerdings wurde skeptisch beäugt, weil ich als mit Abstand jüngster Taucher in dieser Gruppe von selbsternannten Vollprofis mitmischte. Das sorgte immer wieder für seltsame Debatten, so darüber, wie exakt man die Tiefe eines Tauchgangs in diesem Freiwasser im Vorhinein festlegen und einhalten konnte. Ich beschloss, allen genau diese Fähigkeit zu beweisen, legte meine Ausrüstung an, schwamm raus, tauchte ab, schaffte es, auf exakt 80 Metern zu stoppen und danach aufzusteigen – alles ging gut. Nachdem ich meinen Computer zum Beweis rumgezeigt hatte, beschloss ein anderer aus der Gruppe, es seinerseits mit einer Tiefe von 90 Metern zu versuchen. Er tauchte ab – und verschwand für immer.

Vielleicht halfen mir meine Jugend und meine Fitness, aber ich bin mir heute sicher, dass ich am Ende einfach unfassbares Glück hatte. Von den ungefähr 12 Männern dieses „Klubs" hat lediglich eine Handvoll überlebt, mich eingeschlossen.

Erst als ich später in die USA auswanderte, hatte der Irrsinn endlich ein Ende, und als ich aus den Staaten als professioneller Taucher zurückkehrte, wusste ich, dass es weitaus sicherere Wege gibt, diese Tiefen zu erreichen. Das Technische Tauchen mit speziellen Luft- und Gasgemischen wie Helium oder Nitrox in den Flaschen entwickelte sich in dieser Zeit und wurde auch für Privatpersonen bezahlbar. Aus dem Berufstauchen kamen stetig neue Impulse, die immer größere Tiefen in den Bereich des Möglichen rückten.

Aber ich hatte inzwischen gelernt, dass es sich nicht lohnt, nach Rekorden zu tauchen, den Kick zu suchen, mit seinem Leben zu spielen – sondern dass die Faszination dieses Sports woanders liegt und dass Tieftauchen mit all seiner Faszination und Technik nur ein Mittel ist, um andere Ziele zu erreichen.

12. ANGST

Wenn ich mit Menschen über dieses Kapitel in meinem Leben spreche, auf dass ich wirklich nicht stolz bin, werde ich oft nach Angst gefragt. Hatte ich immer noch keine, wie schon als Kind? Oder war ich über meinen Sport in jugendlichem Leichtsinn zu einem Adrenalinjunkie geworden? Hatte ich einfach mehr Mut als andere Menschen?

Mir ist es wichtig zu betonen, wie wichtig Angst für unser Überleben ist. Wer keine hat oder so tut, als hätte er keine, der lügt oder hat einen Hirnschaden. Angst ist etwas vollkommen Natürliches, sie setzt deutliche Signale immer dann, wenn wir unsere Grenzen erreichen und überschreiten. Das lässt uns innehalten – und das ist das Entscheidende: Gelingt es uns, an diesem Punkt rational mit der Angst umzugehen, sind wir in der Lage, noch rational zu handeln? Oder lassen wir uns von ihr überwältigen, lassen wir irrationale Ängste zu, die uns in Panik verfallen lassen? Jemand, der nachts draußen im Garten oder an der Haustür ein Geräusch hört und sich schweißgebadet unter der Bettdecke versteckt, hat das Heft des Handelns aus der Hand gegeben. Jemand der sich vor Monstern im Schrank fürchtet, ist entweder ein kleines Kind oder hat eine Psychose: Mein Vater gab mir als kleinem Knirps, der nachts bibbernd vor ihm stand, einfach eine Taschenlampe und den Rat, ich solle doch mal nachsehen – und wenn dort wirklich ein Monster sei, könne ich ihn ja noch mal wecken. Das mag dem ein oder anderen etwas lieblos erscheinen – doch ich bin ihm dankbar für diese Art der Erziehung.

Anders geht es einem Menschen, der gerade seinen Job verloren und Angst hat, seine Familie nicht mehr ernähren zu können. Oder einem Menschen, der sich nach einer schlimmen Diagnose vom Arzt vollkommen unerwartet mit einer schweren Krankheit konfrontiert sieht – in diesen Fällen sieht man sich einer begründeten, rationalen Furcht ausgesetzt. Aber: Man muss sich nicht unterkriegen lassen, sich nicht ohne Weiteres seinem Schicksal ergeben, man hat immer noch Möglichkeiten zu handeln, kann sich etwa nach einem neuen Job umsehen oder eine weitere Meinung eines Spezialisten einholen, um womöglich doch etwas Wirkungsvolles gegen die Krankheit unternehmen oder zumindest die Symptome lindern zu können.

Wir sollten lernen, unbegründete Ängste als solche zu erkennen und zu überdenken. Ich behaupte, dass jeder Mensch mit irrationalen Ängsten zu kämpfen hat: Wenn man als Kind von einem Hund gebissen wurde, begründet das mitunter eine lebenslange Angst vor unseren treuen vierbeinigen Freunden, die einen bei jedem Bellen zusammenzucken lassen. Dunkelheit, Enge, Höhe – warum lösen sie bei so vielen Menschen Beklemmungen und Schweißausbrüche aus? Diese Dinge zu hinterfragen und möglichen Gefahren ins Gesicht zu sehen, halte ich für enorm wichtig. Meist ist die Ursache unserer Angst – rational betrachtet – etwas, das man aufbrechen, bekämpfen und schließlich auch beherrschen kann.

Um das Thema noch einmal beim Tauchen zu betrachten: Natürlich habe ich bei einer Aktion wie der Kanaldurchquerung Angst. Ich hatte zum Beispiel ganz konkret Angst vor der Kälte – ich habe in meinem Leben viel zu viel gefroren und bin dabei keineswegs härter, sondern immer empfindlicher geworden, eine echte Frostbeule. Selbst in relativ milden Gewässern kriege ich schnell das Zittern. Oder das Phänomen Murphys Law, das gefühlt besonders gerne die Pläne beim Tauchen durchkreuzt und hier entscheidende Konsequenzen haben kann: Spezialausrüstungen wie zum Beispiel elektrische Heizwesten fallen immer dann aus, wenn man sie wirklich braucht, wenn es also arschkalt wird in der Tiefe! Hier hilft nur eine aufwendige, pedantische Vorbereitung. Natürlich benutzte ich danach keine Heizwesten mehr, sondern suchte mir einen Unterwäschehersteller, der meine Bibber-Probleme verstand und mir eine spezielle Kollektion anfertigte. Problem gelöst, Angst eingedämmt.

Noch mal zurück zum Ärmelkanal: Natürlich blieben rationale Ängste aufgrund realer Gefahren wie frei im Wasser schwebende Schleppnetze, Wracks, Container oder andere Hindernisse, auf die ich ohne Weiteres treffen konnte. Doch zum Zeitpunkt der Expedition hatte ich über 9 500 Tauchgänge absolviert und dabei viele brenzlige Situationen erlebt und die Erfahrung gemacht, auch heftige Probleme unter Wasser in kurzer Zeit und unter großem Druck bewältigen, mich sogar aus akuter Lebensgefahr befreien zu können – weil ich mich nicht von Angst und Panik übermannen ließ.

Von außen betrachtet kann man vielleicht sagen, dass bei mir die psychische und physische Konstitution ganz gut mit meinen erlernten und entwickelten Fähigkeiten harmonieren, um Gefahren immer besonnen und ruhig zu begegnen und Probleme effizient zu lösen.

Technische Schwierigkeiten oder Herausforderungen löst man durch Redundanz, also doppelte Absicherung durch Ersatzmaterial wie ein zweites Mundstück, eine Reservelampe, eine kleine Ersatzflasche. Ihr Management in Stresssituationen perfektioniert man durch Vorbereitung und Training, Training, Training.

13. GOODBYE, DEUTSCHLAND

Als ich aufs Gymnasium kam, ließ meine Begeisterung fürs Pauken und für Prüfungen immer schneller nach, meine Noten waren definitiv nicht die besten. Das Tauchen, schon lange mein Leben, füllte mich ganz aus und nahm mein Denken vollkommen in Anspruch. Wie sollte ich mich da auf Mathe oder Französisch konzentrieren? Wenn ich nicht unter Wasser war, lag ich am liebsten irgendwo auf einer sonnigen Wiese und las die Bücher meiner Idole. Oder ich stromerte an irgendeinem Gewässer entlang, immer auf der Suche nach neuen Tauchplätzen. Biologie und Geschichte interessierten mich noch, vor allem wenn das Thema Wasser eine Rolle spielte, ob im Leben der Amphibien oder bei den Seeschlachten der zahllosen Kriege – ich war also schon längst ein ziemlicher Außenseiter geworden.

Aus der Schule verabschiedete ich mich mit einer sehr pubertären Aktion: Aus Frust – es ging um ein Mädchen und meine Rache an einer Lehrerin – zerpflückte ich ein dickes Schulbuch in tausend Fetzen. Dann goss ich Feuerzeugbenzin über den kleinen Papierberg und steckte ihn an. Es war mein letzter Tag im Unterricht. Feueralarm, evakuierte Klassenzimmer, eine kalkweiße, geschockte Lehrerin, eine kreischende und johlende Klasse – Ziel erreicht, raus hier.

Ich versuchte es noch an einer anderen, etwas verrufenen Schule in einem Arbeiterviertel in der Stadt, die als ein bisschen leichter galt als die Akademikerschmieden der Münchener Vororte. Doch auch hier drückte man am Ende des Tages die Schulbank, spürte unentwegt Leistungsdruck und das Abitur war weit, weit entfernt. Irgendwann hatte ich die Nase endgültig voll. Ich stand während einer Unterrichtsstunde auf, zeigte meinem Lehrer den Mittelfinger, schmiss meine Bücher auf den Boden und stürmte aus dem Raum. Niemand versuchte mich aufzuhalten, niemand vermisste mich.

Zwei Wochen später saß ich im Flieger in die USA. Meine Eltern hofften, dass ich in der Obhut eines entfernten Verwandten schnell zur Besinnung kommen und reumütig zurückkehren würde. Sie hatten sich getäuscht.

14. AMERIKA

Der Verwandte in Miami war ein Idiot und ein Langweiler. Doch das sonnige Florida war eine Offenbarung und aufregender als alles, was ich mir vorstellen konnte. Nach einem Ausflug auf die Keys wusste ich wieder, was ich im Leben wollte: Tauchen. Und nicht nur ein bisschen, als Hobby. Nein: Tauchen als Beruf, um davon zu leben zu können. Tauchen, und zwar so viel und so oft es ging. Und zwar hier, in diesem Palmenparadies an der Südostküste der USA. Der Lifestyle, das Klima, die Lockerheit der Leute – ich war sofort mit dem Amerika-Virus infiziert. Also begann ich, die Tauchcenter der Gegend abzuklappern und mit meinem miesen Schulenglisch nach einem Job zu fragen. No way, niemand wollte mich. Ich wollte schon aufgeben, als ich einen Tipp bekam, der mich in ein kleines Center auf Key Tavernier führte. Donna und Janie, zwei Schwestern, beide schon etwas älter und verwitwet, leiteten die kleine Basis. Entweder waren sie froh über die billige Arbeitskraft oder sie hatten einfach Mitleid mit dem etwas verlotterten Boy aus Germany. Ich wurde eingestellt – 500 Dollar bei freier Kost und Logis. Es gab nur ein kleines Problem: Ich war komplett abgebrannt und meinen ersten Lohn würde ich erst in einem Monat ausgezahlt bekommen. Die Kost war das Continental Breakfast, dünner Kaffee und ein Bagel, dazu ein Gutschein fürs Café nebenan. Logis war nach einer Nacht auf einer Bank vor der Basis zunächst ein alter, kaputter Chevy-Van, der auf dem Parkplatz vor sich hin rostete. Mir war's egal, und so packte ich meine Koffer, knallte die Tür hinter mir zu und zog auf die Keys.

Die ersten Wochen waren knallhart, aber Donna und Jane waren zufrieden mit meiner Arbeit, die sich zunächst auf nicht viel mehr als das Befüllen der Flaschen beschränkte. Doch ich zeigte vollen Einsatz und ackerte bald den ganzen Tag, schleppte Material wie ein Muli und tat alles, worum mich die beiden Ladys baten. Das Boot putzen und beladen durfte ich schließlich auch noch, das erste Mal um fünf Uhr morgens. Wenn die erste Tour vormittags zurückkam, entlud ich es, reinigte es und die Nummer begann von vorn – so ging das drei- bis viermal am Tag. Gegen 22 Uhr abends war ich fertig. Fix und fertig. Und: Mein Magen knurrte ohne Pause, ich war aber zu stolz, um nach etwas zu Essen zu fragen. Wenn mir ein Tauchkunde mal ein paar Dollar Trinkgeld zusteckte, lief ich sofort die sechs Meilen zum Supermarkt und kaufte mir ein Zehnerpack Tütensuppen für zweieinhalb Dollar. Das Pulver rührte ich in kochendes Wasser und löffelte gierig die schwammigen Fetzen, die wohl Nudeln und Gemüse darstellen sollten. Was es wirklich war, wollte ich gar nicht wissen, aber es hielt mich am Leben und vertrieb wenigstens für kurze Zeit den schrecklichen Hunger, der für einen Heranwachsenden völlig normal ist.

Schließlich kam auch mein erstes Gehalt, damit richtiges Essen und eine neue Unterkunft: Ein altes, furchtbar abgerocktes Apartment, das eigentlich nur noch als Abstellkammer genutzt wurde. Ich durfte es selbst herrichten, und so schleppte ich Müll und Schutt hinaus und nutzte zunächst die Rückbank aus dem Chevy als Bett. Doch im Laufe der Zeit richtete ich mich ziemlich gemütlich ein, kaufte mir Möbel und die nötigsten Haushaltsgeräte auf Flohmärkten in der Umgebung zusammen, renovierte meine Bude und richtete sie her. Als sich auch noch mein Englisch durch den täglichen Kontakt mit den Menschen deutlich verbessert hatte, durfte ich endlich mit den Gästen tauchen und wurde ein richtiger Guide. Meine Chefinnen erhöhten mein Gehalt auf 800 Dollar, bezahlten mir sogar die Ausbildung zum Instruktor und meinen Bootsführerschein – ich war angekommen und einfach nur happy über mein neues Leben. Das war wirklich das Land der unbegrenzten Möglichkeiten, hier konnte es jeder schaffen, der an sich glaubte und sich nicht zu fein war, für seine Träume zu kämpfen!

Nach ein paar Monaten hatten meine Chefinnen und ich uns richtig ins Herz geschlossen – und ich beschloss zu bleiben. Als die beiden merkten, dass ich ein ganz guter Handwerker war, widmete ich mich auch der Instanthaltung der Tauchbasis. Und da ich durch das reichliche Trinkgeld unserer glücklichen Kunden genug Geld zum Leben verdiente und sogar meinen Führerschein aus Deutschland nachgeschickt bekam, nahm ich meine ersten bescheidenen Ersparnisse in die Hand und erfüllte mir den größten Traum meiner Jugend: Für exakt 3 950 Dollar kaufte ich mir eine 78er Corvette. Sie war alt und wirklich fertig, über ihr ursprüngliches Silber zog sich dank der salzigen Luft und der vielen Sonne dicker Grünspan. Die Inneneinrichtung, einst rot, war eigentlich nicht mehr vorhanden. Doch mein Schätzchen lief und brummte und knatterte, sie war mein Ein und Alles.

Eines Abends saß ich mit Greg, einem der beiden Kapitäne der Basis, in einer Biker-Bar namens Dragster. Eigentlich hatte man erst ab 21 Zutritt, doch ich kam rein, weil Greg den Türsteher gut kannte und ich, von der harten Arbeit gut trainiert und sonnengegerbt, wohl schon recht erwachsen aussah. Das einzige Gericht in diesem coolen Schuppen für harte Typen waren fetttriefende Spareribs, das eiskalte Bier kam in großen Pitchern auf den Tisch. Die Bedienungen, die sich ab Mitternacht auch als Tänzerinnen ins Zeug legten, fuhren auf Rollschuhen, trugen einen String mit Plüschbommel am Hintern und ein paar Hasenohren auf ihren hübschen Köpfen – sonst nichts. Ich fühlte mich sauwohl. Wir waren früh dran, um etwas zu essen, es war noch wenig los, und ich plauderte mit einer der Bedienungen. Sie hieß Joan, war 21, sah aus wie Heather Thomas aus *Ein Colt für alle Fälle*, die in ihrem blauen Bikini in der Saloon-Tür einer ganzen Generation den Kopf verdreht hatte. Joan kam aus Milwaukee, wo auch immer das war, und erzählte mir mit ihrem hübschesten Lächeln, dass sie gerade auf Wohnungssuche sei. Aus ihrer letzten Bleibe sei sie wegen unsittlichen Verhaltens rausgeflogen, die Details erspare sie mir und überlasse sie meiner Fantasie. Jetzt schlafe sie bei einer Freundin auf der Couch. Wir lachten, ich erzählte ihr von meinem schäbigen Appartement und schlug ihr aus Spaß vor, dass wir es uns ja teilen könnten: Wenn sie nachts auf Rollschuhen Tabletts mit Bier und Spareribs durch die Menge kurvte und später an der Stange tanzte, könnte ich schlafen; wenn sie tagsüber ruhen würde, wäre ich sowieso auf dem Meer. Wir lachten noch mehr, verstanden uns prächtig und das letzte Bier ging aufs Haus.

Zwei Tage später klopfte es an meiner Tür und Joan stand mit einer Tasche und einem kleinen, abgewetzten Koffer vor mir. Der Taucher und die Tänzerin hatten nicht nur eine heiße Affäre. Wir wurden ein richtiges Paar.

Hier war ich, unter der Sonne Floridas, 18 Jahre alt, und während meine Schulkameraden in Deutschland ihren Wehr- oder Zivildienst antraten, verdiente ich im Paradies Geld mit meinem Traum, bollerte mit meiner eigenen Corvette durch die Gegend und lebte mit einer Stripperin zusammen, die sich meine ehemaligen Mitschüler in der Kaserne höchstens als Pinup-Girl in ihren Spind hängen konnten. Life was good.

15. SCHATZSUCHER

Auf den Keys machte ich eines Tages Bekanntschaft mit einem Sondler, also jemandem, der mit einem Metalldetektor bewaffnet am Strand entlangläuft und nach Münzen oder anderen metallischen Gegenständen sucht, die er zu Geld machen kann. In Florida sind diese Spürhunde meist nach echtem Gold aus, das von den jährlich auftretenden heftigen Tropenstürmen an die Strände gespült wird. Es stammt von spanischen Galeonen, die in den vergangenen Jahrhunderten vor der Küste Floridas in großer Zahl kreuzten, viele kenterten und gaben ihre Ladungen frei. Ich war sofort Feuer und Flamme. Konnte man auf leichtere Art reich werden?

Ein paar Tage später hatte ich meinen eigenen Detektor und das Abenteuer konnte beginnen: Schlöffel, der Schatzsucher! Um es vorwegzunehmen: Eine echte spanische Dublone habe ich auf diese Weise zwar nie gefunden, denn das mit dem schnellen Reichtum ist ungefähr so wahrscheinlich wie ein Sechser im Lotto mit Superzahl. Dafür entdeckte ich eine lebenslange Leidenschaft, denn wie bei so vielen Abenteuern ist auch hier der Weg das Ziel. Außer man findet wirklich einen Schatz …

Ich begann in Bibliotheken zu recherchieren und wusste bald alles über die geheimnisvollen Schiffe, die im Laufe der Geschichte entlang der Keys in den Fluten versunken waren. Interessanterweise lag eines davon nur einen Steinwurf von der Basis entfernt und war nicht ins Visier der Profis geraten, da es nach den Unterlagen bereits von den Spaniern direkt nach der Katastrophe vor Jahrhunderten geborgen worden war. Ich überredete meine Chefinnen, mir das Boot der Tauchbasis zu leihen, und knatterte nach Feierabend mit meiner Ausrüstung, einem kleinen Picknickkorb und Joan an Bord los, um das Wrack zu suchen. Die Positionsbeschreibung war so eindeutig, die Überreste des Schiffes lagen so nah an Land – nach nicht einmal zwei Stunden hatten wir es gefunden. Wir ankerten, Joan passte an Bord auf und ich tauchte. Doch es stimmte leider: Gerade mal ein paar Steine und Fragmente waren in dem kleinen Graben bei miserabler Sicht noch zu erspähen. Doch Joan und ich ließen uns in unserer Schatzsucherromantik nicht bremsen. Im Laufe der Zeit entdeckte ich ein paar Kanonen, die die Spanier damals wohl zurückgelassen hatten, und grub kleine Metallgegenstände wie Musketenkugeln, Gürtelschnallen und Alltagsgegenstände aus. Joan fuhr immer gerne mit mir raus, sie fand die Suche spannend, außerdem hatten wir bald ein kleines gemeinsames Ritual: Ein paar Kilometer südlich der Basis gab es am Strand eine kleine Austernbar. Man saß direkt über dem Wasser und spülte die glitschigen Bissen mit ein paar Bierchen runter. Wollte man sie roh verzehren, musste man, typisch Amerika, per Unterschrift den Besitzer von jeglicher Haftung freistellen, falls man mal eine schlechte erwischte hätte. Nach den manchmal etwas skurril anmutenden US-Gesetzen hätte man ihn sonst wahrscheinlich auf mehrere Million Dollar Schadensersatz verklagen können. Wir aßen die Austern immer gegrillt – aber nur, weil es uns zu blöd war, vor dem Essen ein Formular auszufüllen. Es war eine herrliche, unbeschwerte Zeit, auch wenn wir keine Perlen fanden.

Wenig später kam ich mit einem der Profis aus der Schatzsucherszene in Kontakt, Mel Fisher, der weltweite Berühmtheit erlangt hatte, nachdem er die spanische Galeone *Nuestra Senora de Atocha* aus dem 17. Jahrhundert, die bis zum Deck mit Gold und Silberschätzen gefüllt war, aufgespürt hatte. Mittlerweile waren die Wracks um die Keys in Claims aufgeteilt wie früher die Goldminen, die Such- und Bergerechte waren an diverse Firmen und Investoren vergeben. Auch Fisher selbst hielt einige dieser Rechte. Er brauchte immer Taucher, und so kam ich zu meinem zweiten Job. Und er hatte eine Gemeinsamkeit mit meinem ersten: Die Bezahlung war richtig mies und meine Kollegen meist Ex-Sträflinge, die keine andere Möglichkeit sahen, überhaupt Geld zu verdienen, oder die einfach nur für eine Weile von der Bildfläche verschwinden wollten. Abtauchen, im wahrsten Sinne des Wortes.

Mir aber bot sich die Möglichkeit, zum ersten Mal mit einem Magnetometer zu arbeiten, einem Gerät, das Veränderungen im Magnetfeld der Erde aufspürt und so Metall orten kann. Die Suchspule war unter einem doppelt ausgelegten Aquazepp-714T-Scooter angebracht – bis zu meiner Ärmelkanaldurchquerung das brachialste, großartigste Stück Tauchtechnik, das ich je benutzt habe. Wie ein Spielzeug für große Jungs, eine Unterwasserrakete! Kein Problem und ein Riesenspaß, mit diesem Geschoss kilometerlange Abschnitte zu erkunden, ohne sich die Füße abzustrampeln. Ich arbeitete am Grund mit Airlifts – großen Stahlrohren, in die von der Oberfläche Luft ans untere Ende gepumpt wird, die im Rohr nach oben steigt. Wie ein riesiger Staubsauger reißt dieses Gerät alles, was ihm in die Quere kommt, mit nach oben. Das Rohr mündet in einen Schlauch, der sich an der Oberfläche in ein Sieb entleert, wo der Abraum von Helfern in den Booten auf mögliche Funde untersucht wird. Man kann mit diesem Werkzeug sehr effizient große Löcher graben und Unmengen von Sand bewegen. Ich schlug tagelang mit einem Hammer Korallen ab, um Schiffsfragmente freizulegen, und lernte viel über das Heben und Bergen von Artefakten jeder Form und Größe. Zu den spannendsten Fundstücken gehörten für mich immer Kanonen: Diese unverwüstlichen, kugelspeienden Monster aus einer anderen Zeit waren nicht nur eine Herausforderung bei der Bergung, sie gaben auch viele interessante Informationen preis, so das Jahr, in dem sie gegossen worden waren, und den Stempel der Gießerei, womit sie sich in der Regel auch einem bestimmten Schiff zuordnen ließ.

Trotz der spannenden Aufgabe stellte sich recht schnell eine gewisse Routine und Ernüchterung ein. Die meisten Tage verbrachte ich bis zu acht Stunden im Wasser – und fand schlicht gar nichts. Umso wertvoller war die Erkenntnis, dass menschliche Gier ein unerschöpflicher Antrieb ist und eine einfache Vorstellung von Reichtum und Glück mehr Hoffnung und Kraft erzeugt als jeder rationale Gedanke oder Plan. Wir schufteten wie voll ausgerüstete Unterwassersklaven, aber jeder von uns ignorierte die Schmerzen, die unzähligen kleinen, brennenden Wunden, die nie abheilten, weil sie ständig nass und voller Sand waren, die wunden Lippen und das vom Mundstück aufgescheuerte Zahnfleisch. Die Erschöpfung, den Frust. Die miesen hygienischen Zustände auf dem Arbeitsboot und das fürchterliche Essen, das man in aller Eile in sich reinstopfte, um schnell wieder abtauchen und weitersuchen zu können.

Denn die nächste Sekunde, der nächste Griff in den Sand oder der nächste Brocken aus dem Airlift konnte das ganze Leben verändern: ein Stück Gold der stolzen spanischen Armada, die hier einst versank und in der Tiefe ruhte …

Es waren aber eigentlich immer nur Besteckteile, Uniformknöpfe, nautisches Gerät oder Waffen, die wir ausbuddelten und bargen. Viele dieser Exponate kann man heute im Maritime Museum von Mel Fisher auf Key West bestaunen. Ein echter, großer Goldbarren, den man durch eine Plexiglasscheibe hindurch selbst in die Hand nehmen konnte, fiel 2010 leider einem spektakulären Diebstahl zum Opfer.

Mein Ende als US-Schatzsucher kam recht plötzlich und wurde von einem schockartigen Erlebnis ausgelöst. Als eines Abends ein paar der Taucher beim Feierabendbier zusammensaßen und im Armdrücken ihre Kräfte maßen, knallte der Arm eines Verlierers so heftig auf die Tischplatte, dass das Ellenbogengelenk brach und einer der Knochen durch die Haut stach. Es wurde nicht lange gefackelt, der arme Mann kurzerhand aufs Boot verfrachtet, zum Festland gebracht – und dort stehen gelassen. Auf dem Rückweg war der Ersatzmann schon an Bord.

Das führte mir überdeutlich vor Augen, dass in solchen Jobs der Profit über Menschlichkeit geht. Jeder war ersetzbar, der Einzelne war nichts wert. Höchste Zeit, weiterzuziehen, neue Ziele und vielleicht sogar Schätze zu finden.

16. HERR DER HÖHLEN

Während meiner Zeit in Florida hörte ich von einigen tauchbaren Quelltöpfen im Norden des Bundesstaats. Höhlentauchen galt damals als die gefährlichste Sportart der Welt, und so war klar: Da musste ich hin! Kurzerhand nahm ich mir ein paar Tage frei und machte mich auf den Weg nach High Springs in der Nähe der kleinen Universitätsstadt Gainesville.

Die Landschaft um den Santa Fe River ist bezaubernd. Urwaldähnliche Vegetation und glasklares Wasser, das über hellen Kalkstein fließt, bilden das Tor in eine Fantasiewelt. Besonders nachts bei Mondschein ergeben sich einzigartige Lichtspiele.

Bald merkte ich, man brauchte wirklich eine spezielle Ausbildung, um hier sicher tauchen zu können. Es gab einfach zu viele Details, auf die man achten musste, zu viele Unwägbarkeiten, die sofort tödlich enden konnten. Ich stieß hier an meine Grenzen. Daher fragte ich unter den Tauchern herum, und irgendwann deutete jemand auf einen Mann mit Schnurrbart und braunen Locken, der gerade seine Ausrüstung im Kofferraum verstaute. Sein Name klang wie der eines Filmstars: Vor mir stand der berühmte Sheck Exley. Mir war damals nicht klar, dass er der seinerzeit beste Höhlentaucher war und eine prägende Persönlichkeit in dieser Sportart dazu, eine lebende Legende.

Ich quatschte ihn einfach an, und er unterhielt er sich ohne Umstände mit mir, wofür ich ihm bis heute dankbar bin. Wir unterhielten uns fast eine Stunde lang, und am Ende war er bereit, mich auszubilden.

Sheck brachte mir bei, wie man Leinen richtig verlegt und ihnen blind im Dunkeln folgt. Er unterrichtete mich in der Berechnung von Gasmengen für hochkomplexe Tauchgänge und brachte mir spezielle Fortbewegungstechniken und Flossenschläge für enge Gänge bei. Er ließ mich alles über Notfallprozeduren und über spezielle Ausrüstung wissen. Nach ein paar Tagen fragte er mich, ob ich ihm bei der Bergung von ein paar Dekompressionstanks helfen wollte. Klar wollte ich! Sheck meinte noch an, dass der Tauchgang etwas länger dauern könnte und er mir einen Trockenanzug leihen würde. Wir fuhren eine Weile, die Landschaft wurde immer karger und verlassener, bis wir mitten im Nirgendwo anhielten. Etwa hundert Meter von der Straße entfernt klaffte ein enges, dunkles Loch im Boden, in dem nicht mal Wasser zu sehen war. Mir wurde etwas mulmig. Hier wollten wir tauchen?

Der Anzug, den mir Shek gab, machte die Sache auch nicht einfacher, aber wesentlich spannender. Das Ding hatte zwar ein Einlassventil, aber wo kam die Luft raus? Exley meinte nur, ich solle das Kinn auf die Brust pressen, dann würde die Luft von selbst am Nacken aus dem Anzug strömen. Bei ihm hätte das immer funktioniert. Wir bauten also unsere Geräte zusammen, jeder zwei Flaschen mit 15 Litern Luft, und schleppten alles zu dem kleinen Loch. Der Einstieg in den senkrechten Schacht war so eng, dass man mit seinen Flaschen auf dem Rücken gerade so hindurchpasste. In den weichen Kalkstein waren Tritte gehauen, nur sie hielten uns davon ab, einfach in die Tiefe zu rutschen – doch nach drei Metern erreichten wir Wasser. Sheck tauchte bereits ab, als ich hineinglitt, also nichts wie hinterher: Der Schacht setzte sich noch ein paar Meter fort und machte in etwa 15 Metern Tiefe einen Knick, wurde zu einem horizontalen Tunnel. Genau in dem Moment, in dem ich diesen Tunnel erreichte, riss mich auch schon die Strömung mit. Und Sheck? Der schwebte ganz entspannt unter der Decke und hielt sich wie ein Fisch in perfekter Balance in der Strömung. Er zeigte mir, wie er die Unebenheiten der Tunneldecke so ausnutzte, dass man den starken Sog umgehen und sich überhaupt vorwärtsbewegen konnte. Fast eine Stunde bewegten wir uns auf diese Weise fort, kamen immer wieder an Tauchflaschen vorbei, die an Leinen im Tunnel befestigt waren. Schließlich gab Sheck mir ein Zeichen zum Umkehren. Wir ließen uns treiben und sammelten dabei die Flaschen ein, die Strömung trug uns mit unserer Beute bequem zurück zum Schacht, ohne dass wir noch groß paddeln mussten. Es fühlte sich eher so an, als würde ich auf meinen vier Flaschen reiten, man musste nur höllisch aufpassen, nicht gegen die Wände mit ihren Kanten und Zacken zu knallen, die einem leicht den Anzug hätten zerfetzen oder die Ausrüstung vom Leib reißen können. Wir erreichten den Einstiegsort, verbrachten rund eine halbe Stunde Dekompressionszeit in dem Schacht, immer gegen den Auftrieb der leeren Flaschen kämpfend, die wir an einer Leine zusammengebunden hatten.

Der große Sheck Exley, dieser Ausnahmetaucher und Grenzgänger, hatte mir sein persönliches Wohnzimmer gezeigt. Seinen Abenteuerspielplatz, auf dem er mehrere Rekorde aufgestellt hatte. Er war so fasziniert von dieser Höhle, dass er schließlich sogar den Grund kaufte, auf dem sich das Loch befand. Sheck starb 1994 in Mexiko bei einem Tauchrekord in der mit 330 Metern tiefsten Höhle der Welt namens Zacaton. Er wurde nur 45 Jahre alt. Als ich von diesem tödlichen Unfall erfuhr, war ich wie zahllose Taucher auf der ganzen Welt am Boden zerstört. Wir hatten auch nach meiner Zeit in den USA Kontakt gehalten, er hatte mich mit großartigen Tauchern in Deutschland in Kontakt gebracht und mich regelmäßig mit Infos und Tipps zu sehr komplizierten, aber überlebenswichtigen Techniken wie der Mischgas-Dekompression versorgt, an die ich sonst erst Jahre später oder eben gar nicht gekommen wäre.

Ich habe von wenigen Menschen in so kurzer Zeit so viel gelernt. Noch heute kann ich kaum fassen, wie viel Glück ich hatte, ihn zu treffen, und bin immer noch erstaunt, wie offen und freigiebig er sein unglaubliches Wissen und sein Können mit mir geteilt hat. Danke Sheck – wo immer Du jetzt bist.

Meine fünf Lieblingshöhlen

1. **Devils Ear, Florida (USA)**
   Ein riesiger Schweizer Käse aus weißem Kalkstein mit glasklarem Mineralwasser und diversen prähistorischen Knochen, deren Schwarz sich deutlich von den hellen Höhlenwänden abzeichnet. Highlight: Der Bone Room!

2. **Molnar Janos, Ungarn**
   Eine weit verzweigte Höhle mitten unter der Metropole Budapest, die perfekt mit Leinen und allem Drum und Dran erschlossen wurde. Tolle Formationen in klarem Thermalwasser.

3. **Nuttlar, Deutschland**
   Ein geflutetes ehemaliges Schieferbergwerk im Sauerland mit reichlich Potenzial für weitere Forschung. Man kann auf drei Ebenen tauchen!

4. **Bell Torente / Cala Luna, Sardinien**
   Wunderschön strukturierte Höhlen, die eine mit mehreren Sümpfen mit hellem Gestein, die andere weit dunkler – beide sehenswert.

5. **Santanyi, Mallorca**
   Leider zurzeit nicht geöffnet, ungewöhnlicher Einstieg auf einem kleinen, abgezäunten Grundstück am Fels oberhalb des Strandes. Flach geht's hinein,

doch dann offenbart sich ein wahrer Höhlenschatz der Balearen-Insel, die für Taucher sowieso nicht zu unterschätzen ist!

GEFAHRENHINWEIS!

Das Tauchen in Höhlen gehört bis heute zu den größten Herausforderungen des Unterwassersports. Oder auf den Punkt gebracht:

Höhlentauchen gefährdet Ihr Leben.

Technisch anspruchsvoll, planerisch aufwendig, braucht man am Ende auch immer die Gewissheit, sich auf seine eigene körperliche Konstitution und mentale Stabilität verlassen zu können. Plötzlich näher rückende Wände, verzweigte Gänge, Sackgassen, bösartige Hindernisse wie scharfkantige Stalagmiten oder Abbrüche, winzige Löcher, hinter denen es vielleicht nicht weitergeht, wenn man sich mühevoll hindurchgezwängt hat: All das sind nur ein paar Beispiele, die zeigen, dass das Tauchen in Höhlen wirklich nicht für jeden Menschen gemacht ist. Es empfiehlt sich, die spezifischen Fähigkeiten, die man beim Höhlentauchen benötigt, langsam und mit Bedacht unter einfachen Bedingungen und in geräumigen Höhlen zu testen, bevor es zur ersten Panikattacke kommt. Stellen Sie sich einfach kurz vor, Sie liegen in Ihrem Wohnzimmer ausgestreckt auf den Boden – und werden komplett von

Kopf bis Fuß in einen schweren Perserteppich eingerollt. Den allermeisten dürfte das Grinsen dabei sofort vergehen, sie würden einfach nur durchdrehen infolge der klaustrophobischen Enge. Ein simpler Fakt, den man nicht vergessen darf: In einer Höhle ist der Weg nach oben versperrt. Es gibt keine Möglichkeit eines Notaufstiegs, auch das plötzlich Nach-oben-Schießen scheidet aus (das im Freiwasser freilich oft genug in der Katastrophe endet), man knallt mit dem Kopf an eine Steindecke, statt die Oberfläche zu durchstoßen und Luft zu atmen. Allein die Vorstellung, dort unten gefangen zu sein und keine Wasseroberfläche, sondern Hunderte Meter Fels über sich zu haben, bereitet vielen Tauchern großes Unbehagen. Wie gesagt, mit seinem Kopf und seiner Konstitution sollte man sich wirklich beschäftigen, bevor man in seine erste Höhle vordringt.

Dazu kommen diverse technische Anforderungen an jeden Höhlentaucher: Wie bewege ich mich in engen Gängen mit plötzlich auftretenden Strömungen und ständig wechselnden Tiefen? Lasse ich mich vom Flirren vor meiner Maske irritieren, wenn Süßwasser- auf Salzwasserschichten treffen – oder kriege ich beim plötzlichen Umschlagen der Sichtverhältnisse von Klar auf Erbsensuppe plötzlich Angst? Welche Flossentechniken beherrsche ich, wie ist mein Handling unter Wasser – finde ich mein Gleichgewicht, kann ich mich vollkommen ruhig bewegen? Beherrsche ich das Verlegen einer Leine, die bei schlechter Sicht meine letzte Lebensversicherung sein kann, und finde ich daran auch sicher wieder den Weg

zurück? Und habe ich die Konzentration und die Übersicht, rechtzeitig und mit genügend Luft in den Flaschen umzukehren, wenn etwas schiefgeht oder etwas Unvorhergesehenes den Tauchgang gefährdet? Bin ich bereit, die aufwendige Planung von Höhlentauchgängen zu lernen und mich dabei auch mal mit geschlossenen Augen in einem kleinen Wäldchen an einer von Baum zu Baum gespannten Leine entlangzutasten, ohne mir komplett bescheuert vorzukommen?
Vielleicht kann dieser Gefahrenhinweis ja dazu beitragen, dass gewissenhafte Taucher ihre Höhlenexkursion noch ein bisschen gründlicher angehen und sie sich nicht in lebensgefährliche Abenteuer stürzen. Denn auch wenn die Ausbildung etwas Zeit braucht: Sie kann Ihr Leben retten!

17. PANIK

Seine Grenzen wie aus dem Nichts aufgezeigt zu bekommen, kann unter Wasser eine sehr schmerzhafte, ja existentielle Erfahrung sein. Gerade in Höhlensystemen entpuppen sich vermeintlich harmlose Situation oft schneller, als man denken kann, als lebensgefährlich.

In Florida fragte mich ein Taucher, den ich gut kannte und von dem ich wusste, dass er gut ausgebildet war, ob ich ihm Devils Ear zeigen könne, ein beliebtes Höhlensystem im Norden des Sunshine States. Die Höhle liegt im Santa Fe River, der an dieser Stelle von einem wunderschönen grünen Park mit Spielplätzen und Teichen umgeben ist. Das Umfeld ist perfekt für Taucher und ihre Familien: Tauchcenter mit Umkleiden, Duschen, Imbisstand und und und.

Wir trafen uns vormittags an der Einstiegsstelle, bauten ganz entspannt unsere Ausrüstung zusammen und besprachen den anspruchsvollen Tauchgang voll konzentriert in allen Details. Unser Ziel: Der Bone Room, in dem auf glitzernd weißem Sand die tiefschwarz gefärbten Knochen prähistorischer Mastodons liegen, Überreste elefantenartiger Urtiere. Der Einstieg mitten im Fluss, der sich hier fast colafarben durch die Landschaft zieht, liegt in einem langen Spalt im hellen Kalkstein, dem Boden des Stroms. In diesem Spalt findet man sich plötzlich in kristallklarem Mineralwasser wieder, das mit ungeheurer Kraft herausdrückt. Wir kämpften uns mit vollem Einsatz gegen den Strom, uns Hand für Hand an den rauen Felswänden entlanghangelnd, in den Spalt hinein und erreichten so den eigentlichen Höhleneingang. Nachdem wir uns auch durch diesen gezogen hatten, erreichten wir schließlich die geräumige Eingangshalle. Die Strömung lässt dort unten abrupt nach. Wir sortierten uns, überprüften unsere Ausrüstung, gaben uns das Okay-Zeichen und schwammen nahe der Decke in das Höhlensystem, die Struktur des Gesteins als Strömungsschatten ausnutzend. Es dauert nicht lange, bis die Höhlengänge sich immer stärker verzweigen. Ein sehr komplexes Gebilde tut sich vor einem auf, das desto schöner wird, je weiter man vordringt. Vierzig Minuten später hatten wir die Knochen-Kammer erreicht: Ein wahrhaft faszinierender Anblick, ein Ausflug in eine längst untergegangene Welt voller erstaunlicher Kreaturen, die hier ihre letzte, ewige Ruhe gefunden hatten.

Erst jetzt bemerkte ich, dass mein Partner, immerhin ein zertifizierter Höhlentaucher und dazu noch ein gewissenhafter, besonnener Zeitgenosse, seinen Gasvorrat über das von uns festgelegte Limit verbraucht hatte, natürlich ohne wie vereinbart beim Erreichen dieser Untergrenze Bescheid zu sagen. Ich deutete eine Ohrfeige an und beendete den Tauchgang mit einem deutlichen Handzeichen: Zeigefinger und Daumen wie bei einer Pistole zeigten Richtung Ausgang. Raus hier, keine Widerrede!

Das löste anscheinend erstes Unbehagen bei meinem Begleiter aus, trotzdem fügte er sich der Anweisung und wir traten den Rückweg an. Jetzt trug uns die Strömung, was zunächst einmal angenehm ist, aber eben auch gefährlich:

Wir mussten höllisch aufpassen, nicht gegen die scharfkantigen Wände geschleudert zu werden. Und schon war es passiert: An einer Abzweigung, an der sich die Gänge in drei Passagen verzweigten, wurde mein Partner von der starken Strömung in den falschen Gang gedrückt. Und nun nahm das Unheil seinen Lauf …

Er drehte sich um, versuchte verzweifelt zurückzuschwimmen, wobei ihm der enorme Druck von vorne die Maske verschob. Psychischer Stress, Anstrengung und Angst, unerwartete Probleme – zu viel für ihn. Panik überwältigte ihn. Das Ganze in nur wenigen Sekunden. Er riss die Augen weit auf, ruckelte und zupfte an unserer Sicherungsleine herum und richtete seinen Körper auf: Ein untrügliches Zeichen, dass er die Kontrolle verloren hatte. Der Mensch will in Gefahr instinktiv stehen oder eine erhöhte Position einnehmen, eigentlich wie ein Erdmännchen in der Wüste. Unter Wasser natürlich vollkommen unsinnig und kontraproduktiv – man ist der Strömung erst recht ausgeliefert und verliert sofort die Balance, die man braucht, um die Kontrolle über seinen Körper zurückzugewinnen. Ich schwamm also zu ihm und erreichte ihn genau in dem Moment, in dem er komplett durchdrehte: Er knallte mit voller Wucht gegen die Höhlendecke, strampelte panisch, fast hätte er auch meine Maske und mein Mundstück zu fassen gekriegt – es wäre unser sicherer Tod gewesen. Ich packte ihn, seine Maske war geflutet, sicherte seine Gasversorgung, versuchte ihn zu stabilisieren und zu beruhigen, was mir nach einem zähen Ringkampf, der sich endlos anfühlte, auch gelang. Sein Körper realisierte schließlich, dass er wieder Luft bekam, auf die Panikattacke folgte Erschöpfung, er erschlaffte in meinem Klammergriff. Ich hielt ihn immer noch nach oben gegen die Felsendecke gepresst und fing fieberhaft an nachzudenken, wie zur Hölle ich ihn und mich lebend wieder rausbringen könnte.

Ich fing mit seiner Maske an, und nach ein paar Versuchen gelang es uns auch, sie auszublasen, sodass er wieder Sicht hatte. Jetzt versuchte ich ihn zu überzeugen, mit mir um die nächste Biegung zu schwimmen, um unserer Leine weiter Richtung Ausgang folgen zu können. Aber: Keine Chance. Er hing dort vor mir, immer noch an die Höhlendecke gepresst, mit starrem Blick, unfähig irgendetwas zu unternehmen oder sich auch nur zu bewegen. Ich kontrollierte seine Luftreserven und begriff, dass ich ihn entweder jetzt sofort in die Strömung schaffen und einen Weltrekordaufstieg hinlegen – oder ihn zurücklassen musste, um wenigstens meine eigene Haut zu retten. Keine schöne Option.

Also, Angriff: Mit einer Hand packte ich mit voller Kraft sein Ventil der Tauchflasche hinter seinem Nacken. Mit der anderen zog ich uns langsam an den kleinen Vertiefungen und Kanten in der Wand vorwärts, Zentimeter um Zentimeter. Ich schwamm in diesen Augenblicken um unser beider Leben. Mein Atem ging schwer, ich wagte nun nicht einmal mehr auf meinen Luftverbrauch zu achten. Aber wir schafften es, wenn auch schleppend langsam, uns Stück für Stück voran zu ackern.

Kaum hatte ich uns um die Ecke gedrückt, flogen wir dahin, ich tarierte uns beide aus, legte mich über meinen immer noch vollkommen regungslosen und schicksalsergebenen

Tauchpartner, manövrierte uns entlang der Leine Richtung Ausgang, Richtung Leben. Nach 20 endlosen Minuten schimmerte uns Tageslicht entgegen, kurz darauf kamen wir an den Spalt und wenige Minuten später erreichten wir den Baumstamm im Fluss, unter dem unsere Deko-Flaschen befestigt waren. Neue Luft, Hoffnung, diesen Albtraum irgendwie zu überstehen – langsam kam mein Partner wieder zu sich. Wie ein Komapatient oder Schlafwandler, dem plötzlich klar wird, dass er gerade unversehrt einem fürchterlichen Albtraum entronnen ist. Wir schafften die Dekompression ohne weitere Zwischenfälle und erreichten die Oberfläche.

Für meinen Schützling, der dort unten so gnadenlos und brutal seine Grenzen aufgezeigt bekommen hatte, war es der letzte Tauchgang seines Lebens – aber immerhin war er am Leben! Er verkaufte sofort seine gesamte Ausrüstung und kehrte dem Sport, den er so geliebt hatte, für immer den Rücken.

18. MURÄNEN

In Florida ging es für uns als Tauchguides natürlich auch immer darum, den Gästen etwas Besonderes zu bieten. Dafür gab's schließlich nach jedem überstandenen Abenteuer auch jede Menge Trinkgeld! Damals war es noch völlig normal, als Attraktion für Taucher Fische anzufüttern, was heutzutage Gott sei Dank an den meisten Tauchplätzen dieser Welt verpönt oder sogar verboten ist – wilde Tiere werden zu Bettlern, mit allen Konsequenzen für ihren Nachwuchs und ihr gesamtes Ökosystem. Was aber nicht heißt, dass diese Unsitte an vielen schönen Tauchplätzen dieser Welt nicht immer noch praktiziert wird.

Wir kannten einen Felsen, in dessen Höhlen und Spalten riesige Grüne Muränen lebten, die sich von ihrem gemütlichen Zuhause in der Tiefe auch nicht mehr großartig wegbewegten. Dass diese wunderschöne Art in schlechten Horrorfilmen gerne als blutrünstige, menschenfressende Riesenmonster dargestellt wird, wird ihr natürlich nicht gerecht. Trotzdem können die über zwei Meter langen Tiere aggressiv werden, wenn sie sich bedrängt fühlen. Oder wenn sie gefüttert werden und schließlich anfangen, die spendablen Besucher persönlich und gründlich auf noch mehr Leckereien zu durchsuchen …

Diese hatte ich damals immer in einer kleinen Tüte dabei: Gefrorene Tintenfische, die ich für die Touren in einer

Fischfabrik in der Nähe für ein paar Cent kaufte. Bis zum Eintreffen bei meinen Lieblingen war das Muränen-Mittagessen aufgetaut und verzehrfertig. Meine Schüler bildeten unter Wasser einen Halbkreis, ich lockte die Muräne mit einem dieser Snacks aus ihrem Loch und begann, sie zu füttern. Reichlich lautlose Ohs und Ahs, staunende Augen und begeisterte Handzeichen und vor allem ein paar Dollar extra nach dem Tauchgang brachten mich auf eine neue, noch schrägere Idee: Ich fing an, mein Mundstück herauszunehmen und den Tintenfisch mit den Zähnen zu halten, bis ihn sich die Muräne mit einem kleinen Küsschen abholte. Auf die spitzen Zähne musste ich freilich höllisch aufpassen! Mein kleines Kunststück sprach sich schnell unter den Tauchern herum und lohnte sich sehr für mich. Bis ich eines Tages schmerzhaft darauf hingewiesen wurde, mit wem ich es zu tun hatte: Ein sehniges Tintenfischärmchen hatte sich zwischen meinen Zähnen verfangen, ich konnte ihn nicht loslassen. Die hungrige Muräne schnappte noch mal nach und biss mir blitzschnell ins Gesicht, als kleine Zugabe schlug sie mir mit einem Hieb auch noch die Maske vom Gesicht. Selbst als sie auseinanderriss, biss die Muräne noch einmal zu. Dass ich stark blutete, fand das Biest noch interessanter und ich hatte reichlich Mühe, mir die neugierige Schmuseschlange vom Leib zu halten.

Ein anderer Guide, der mein Kunststück kopierte, wurde bei einem Biss durch die messerscharfen, nach innen gerichteten Fangzähne deutlich schwerer verletzt: Seine Wange riss ein, er konnte nicht mehr über den Automaten einatmen ohne Wasser zu ziehen. Panisch schoss er an die

Oberfläche. Mit einem Besuch in der örtlichen Klinik, wo man ihm nicht nur Sauerstoff in den Körper pumpte, sondern auch sein Bäckchen wieder zusammenflickte, kam er gerade noch so davon.

Ich gab diese Art der Muränenfütterung schließlich auf, aber nicht ohne mir ein neues, ebenso fragwürdiges, wenn nicht noch beknackteres Kunststück auszudenken. Ich begann, kleine Fische zu füttern, bis ich in einem großen Schwarm schwebte, dann schnitt ich einen meiner aufgetauten Tintenfische auf und bestrich mit den Innereien die Masken meiner Mittaucher. Ganz schön eklig, aber der Effekt war eine Sensation: Die Fische versuchten natürlich, den schmackhaften Belag von den Scheiben der Taucherbrillen zu knabbern – und die Taucher glotzten aus wenigen Zentimetern direkt in Dutzende von offenen, schlabbernden Fischmäulern …

19. ALLIGATOR

Beim Tauchen denkt man an Begegnungen mit Haien und anderen faszinierenden, manchmal gefährlichen Wesen der Tiefe. Besonders beeindruckt haben mich aber Reptilien in den Flüssen und Seen Floridas: Alligatoren.

An diese gefräßigen, gepanzerten Jäger der Urzeit dachten ein Kollege und ich allerdings nicht, als wir beschlossen, im Santa Fe River zu tauchen. Wir hatten einen Höhlentauchgang am nahen Devils Ear abgebrochen – es war dort an diesem Wochenende so voll, dass wir das Gefühl hatten, wir müssten eine Nummer ziehen wie auf dem Arbeitsamt. Solchen Massenveranstaltungen unter Wasser gehe ich, wenn möglich, immer aus dem Weg. Wir beschlossen stattdessen nach prähistorischen Haizähnen und Pfeilspitzen von Indianern zu suchen.

Nachdem wir die Ausrüstung angelegt hatten, ließen wir uns vom glasklaren Quellwasser treiben, bis wir in tieferes, bräunliches Flusswasser gelangten, das wärmer ist als an der Quelle und wo die Sicht getrübt ist. Sie betrug wenig mehr als fünf Meter. Doch um uns herum tobte das Leben! Überall große Welse und Barsche, der Grund in sieben Meter Tiefe üppig mit allerlei Pflanzen bewachsen. Ich entdeckte den Griff einer großen Angelrute unter einem mächtigen Baumstamm und versuchte, die Angel hervorzuziehen. Sie saß bombenfest, bewegte sich keinen Zentimeter. Ich schob und rüttelte daran, bis sie sich bewegte – doch immer wieder schnappte sie in ihre ursprüngliche Position zurück. Also stemmte ich mich mit meinen Flossen gegen den Baumstamm und zog erneut mit voller Kraft. Da wurde mir das Ding mit einem Ruck aus der Hand gerissen.

Ein sicherlich drei Meter langer Alligator schwamm mit der Rute im Maul davon. Ob er einen Fisch samt Rute von einem Angler erbeutet hatte oder vielleicht den Angler gleich mit verputzt hatte – keine Ahnung. Ich war heilfroh, dass er mir die Störung seines Verdauungsschläfchens nicht übelgenommen hat.

20. ROBINSON CRUSOE

Irgendwann kamen Donna und Janie auf die Idee, Survival Camps für ihre Kundschaft anzubieten. Ein Vorläufer für die heutigen Bootcamps für burnout-gefährdete Manager in der Midlife-Crisis. Als Gegenmittel eine Woche lang wie Robinson Crusoe auf einer einsamen Insel ums Überleben kämpfen …

Eine Robinson-Insel hatten wir bei Tavernier an der Küste entdeckt und beim Besitzer die Erlaubnis für ein solches Camp eingeholt. Wir schafften etwas Baumaterial auf die Insel, mit dem sich unsere Überlebenskünstler behelfsmäßige Baracken zimmern konnten, sowie etwas Brennholz – ansonsten wuchsen auf der Insel nur Kokospalmen. Dafür konnte man prima fischen und sogar jagen – wenn man dazu in der Lage war. Ich begleitete diese Teams mit einem Kollegen, der eine Sanitäterausbildung hatte – was ja hilfreich sein konnte, falls sich einer unserer Kunden eine Axt ins Bein schlagen oder in der Dunkelheit stolpern und den Fuß verstauchen sollte.

Freitags ging's los, wir nahmen die Gäste in unserer Basis in Empfang, sie erhielten eine Einführung, dann fuhren wir sie mit unserem Boot zur Insel. Einzige Ausrüstung: Angelzeug, etwas Notfallproviant, eine Erste-Hilfe-Tasche und natürlich Trinkwasser. Da es schon dunkel war, als wir ankamen, musste zunächst ein Feuer gemacht werden – und dann galt es, die erste Nacht unter freiem Himmel zu verbringen.

Am Morgen wurden dann Aufgaben in der Gruppe verteilt und ein Lager gebaut, die ersten brachen zum Angeln oder zu Erkundungsgängen auf – ein ganz normales Camp für Gestrandete auf einer wunderschönen Insel. Spannend war die Verwandlung der Teilnehmer: Bei der Begrüßung habe ich wahrscheinlich mehr Navy Seals, Superhelden und Überlebenskünstler kennengelernt als jemals in allen Hollywood-Filmen zusammen über die Leinwand flimmerten. Schon leicht aus dem Leim gegangen, die letzten Spezialeinsätze lagen halt schon etwas länger zurück, versuchten die Typen (es waren meist Männer) sich mit haarsträubenden Geschichten gegenseitig zu übertrumpfen. Jeder war ein erfahrener Großwildjäger, hatte in Kampfeinsätzen Feinde mit bloßen Händen getötet oder mindestens einmal die Zivilisation des Abendlandes vor dem Untergang gerettet. Wenn am ersten Abend auf der Insel im Fackelschein die Moskitos über uns herfielen, bekamen die Fassaden der Helden meistens erste Risse. Spätestens am Sonntag, wenn das mit dem Fischen nicht so recht geklappt hatte und die Mägen immer lauter knurrten, da wir sonst keine Vorräte dabeihatten, wurde es spannend: Auf meinen Vorschlag, ein Reh zu jagen und über dem Feuer zu braten, folgte immer Gejohle und Kriegsgeschrei. Da der Besitzer aber keine Schusswaffen auf seiner Insel duldete, wohl aber die Jagd mit Pfeil und Bogen oder der Armbrust – beides ist in den USA erlaubt –, hatten wir die entsprechende Ausrüstung dabei. Ich suchte mir immer den Krieger mit der größten Klappe raus, drückte ihm die Armbrust in die Hand und versprach ihm, ihn zu den Rehen zu führen.

Um es vorwegzunehmen: Auf unseren Tellern landete in dieser Zeit nicht ein einziges Reh. Manchmal kamen die Super-Survivor-Helden auf die Idee, aus Sicherheitsgründen könne man nicht mit einem Pfeil auf der Insel herumschießen, viel zu gefährlich. Aber auch bei den entschlosseneren Kandidaten war spätestens immer dann Schluss, wenn Bambi im Visier auftauchte. Die Viecher sahen aber auch zu niedlich aus...

Plötzlich war Fleisch gar nicht mehr so wichtig, der Hunger doch nicht so schlimm und die harten Jungs stellten fest, dass sie sich schon lange etwas bewusster ernähren wollten. Meist waren wir mit unseren Inselabenteurern vor Ablauf der fünf Tage fertig, und nach etwa einem Jahr stellten wir das Programm „Vom Helden zum Hasen" lieber wieder ein. Spaß gemacht hat es in gewisser Weise trotzdem.

21. CHARLEEN

Ich kann nicht über mein zweites, großartiges Leben in den Staaten schreiben und zum Ende dieses Kapitels kommen, ohne von der schlimmsten Katastrophe meines Lebens zu berichten – Sie müssen mir nachsehen, dass ich mich kurzfasse. Aus einer flüchtigen, nicht gerade erfreulichen Beziehung zu einer jungen Amerikanerin, die ich gleich nach meiner Ankunft kennengelernt hatte, entstand unsere Tochter Charleen. Obwohl die Beziehung zur Mutter keine Chance hatte, versuchte ich alles, um den Kontakt zu meiner Tochter aufrecht zu erhalten, auch als ich längst zurück in Deutschland war. Vier- bis fünfmal im Jahr flog ich rüber, um sie zu sehen, doch je älter sie wurde – welcher Vater kennt das nicht mit der Pubertät seiner Kinder –, desto schwieriger wurde es. Dass sie mal beim Kiffen auf dem Schulklo erwischt wurde, konnte man trotz der damaligen Null-Toleranz-Doktrin in den USA zwar noch irgendwie hinbiegen. Auch einen weit über 30-jährigen Hippie, dem sie sich im Teenie-Alter glaubte anschließen zu müssen, um mit ihm durchs Land zu ziehen, konnte ich noch in die Flucht schlagen (was natürlich zu erheblichen Spannungen führte). Doch eines Tages, ich war gerade in Polen auf einer Tauch-Expedition, erreichte mich ein Anruf: Charleen, die sich mit gerade einmal 18 auf den Weg nach Los Angeles gemacht hatte, um ihr Glück zu finden, war tot aufgefunden worden. Ihre Leiche lag auf einer Müllkippe, jemand hatte sie mit einer Flasche erschlagen.

Die gerade mal 30 Dollar, die sie bei sich gehabt hatte, waren weg.

Ich flog zur Beerdigung, regelte alles, flog zurück – und ging weiter tauchen.

Doch dann brach ich zusammen. Das hatte ich bis dahin noch nie erlebt – vom Tauchen kollabierte mein Körper nicht. Jetzt war ich an meine Grenze gestoßen. Die traumatische Erfahrung zwang mich in die Knie und zu einer Auszeit, die ich für meine Trauer brauchte, um diesen Schicksalsschlag zu bewältigen.

22. ZURÜCK IN DIE KÄLTE

Irgendwann war der Zeitpunkt gekommen, eine Entscheidung zu treffen. Donna und Janie hatten mir liebenswürdiger Weise angeboten, das Center zu übernehmen, denn sie wollten in den wohlverdienten Ruhestand gehen. Aber so sehr ich die beiden Ladys auch ins Herz geschlossen hatte: Tauchbasenbetreiber mit 20? Einen Millionenkredit aufnehmen? Der Gedanke an die Verantwortung und daran, auf lange, lange Zeit fest gebunden zu sein, dieser schwere Rucksack machte mir Angst. Heute bereue ich manchmal, dass ich damals nicht auf ihr Angebot eingegangen bin und zugegriffen habe. Ein Leben in Florida wäre sicher nicht die schlechteste Wahl gewesen.

Aber das Paradies hatte Schattenseiten, die auch ich in meiner unbekümmerten Jugend nicht übersehen konnte. Immer wieder kam es zu Schießereien mit Toten, dank der Segnungen der übermächtigen Schusswaffenlobby. Ich musste miterleben, wie ein einfacher Streit zwischen zwei Autofahrern an einer Kreuzung mit einem Kopfschuss endete. Schlimme Gewalttaten wie diese, die deprimierende Verwahrlosung ganzer Gesellschaftsschichten durch Drogen und Armut, die Tausenden Obdachlosen in ihren provisorischen Zelt-Camps an den Stadträndern, dazu Kleinigkeiten wie die für Europäer mitunter nervende Oberflächlichkeit störten mich immer mehr.

Irgendwas zog mich zurück – hatte ich etwa Heimweh?

Ich beschloss, meine Corvette zu verkaufen (hätte ich sie bloß verschifft und für immer behalten). Dass ich es nicht schaffte, Joan davon zu überzeugen, mich zu begleiten, hat mich lange beschäftigt. Aber sie hatte einfach gruselige Vorstellungen von meiner Heimat. Elektrizität, fließendes Wasser? Doch nicht in diesem mittelalterlichen Europa hinter ihrem Horizont! Sie stellte sich ein düsteres, kaltes Land ohne jeden Komfort vor – nichts für ein Mädchen wie sie. Vielleicht dachte sie ja auch, dass Hitler erst noch besiegt werden musste, ich weiß es nicht. In den USA wären wir sicher noch lange zusammengeblieben, doch jetzt hieß es Abschied nehmen.

An einem eisigen Novembertag stand ich schließlich in München am Flughafen, ohne Corvette und ohne Freundin. Meine Mutter erkannte mich erst einmal nicht, sondern lief auf der Suche nach ihrem verlorenen Sohn direkt an mir vorbei. Meine tief gebräunte Haut, der Vollbart und die von Sonne und Salz ausgeblichenen langen Haare machten es aber auch niemandem leicht, den Typen wiederzuerkennen, der vor drei Jahren so schlagartig der Heimat den Rücken gekehrt hatte. Der Satz, der nach fünf Minuten der Wiedersehensfreude fiel, ließ mich an meinem Nachhausekommen zweifeln: Wenn Du bei uns bleiben willst, schneidest Du dir aber die Haare …

Ich suchte mir also eine eigene Bleibe. Die Haare schnitt ich mir trotzdem, nachdem mir die ersten Strähnen nach dem Tauchen im Winter festgefroren und abgebrochen waren. Das Ergebnis meiner Komplettrasur trage ich bis heute – wenigstens hatte ich meinen Stil gefunden.

23. HÖLLE

Bald nach meiner Rückkehr beugte ich mich dem Druck meiner Familie und meiner neuen Freundin, mit der ich die Trennung von meinem US-Girl ganz gut vergessen konnte, und versprach neben der Taucherei eine vernünftige, solide Ausbildung zu machen, so wie sich das eben gehört. Hallo, bürgerliches Leben! Meine Arbeitsstelle suchte ich mir nach nur einem einzigen Kriterium aus: Wo war ich schnell da – und noch schneller wieder weg?

Ich landete bei einer großen Versicherung und absolvierte eine Ausbildung zum Versicherungskaufmann. Zweieinhalb lange, verlorene Jahre ging ich brav zur Arbeit, drückte die Schulbank und fügte mich zunehmend resigniert in die Tretmühle. Es war die Hölle auf Erden, und worin der Sinn der Sache liegen sollte, hat sich mir bis heute nicht erschlossen. Natürlich arbeitete ich in meiner Freizeit weiter als Taucher und Tauchlehrer, auch wenn die Umstellung von Florida riesig war. Als müsse ein Himalaya-Bergsteiger wieder durchs Mittelgebirge stapfen. Trübe, dunkle Seen statt dem glitzernden, karibischen Ozean. Eiseskälte statt Sonnenbrand. Nein, leicht machte es mir die Heimat nicht, mich wieder zurechtzufinden.

Zu allem Überfluss wurde ich nach meiner Ausbildung auch noch übernommen und saß genau dort, wo ich nie sitzen wollte. Ich hasste den Trott, den Verlust meiner Ungebundenheit, den Zwang einer Stempelkarte, ich schob

Papier von links nach rechts und war völlig deprimiert. Schließlich hatte ich auch noch eine Vorgesetzte, die mich nicht leiden konnte und mir das Leben schwer machte, wo sie konnte. Eines Morgens reichte es mir dann: Ich öffnete die Schreibtischschublade, nahm meine drei persönlichen Sachen, sagte der Vorgesetzten, dass sie mich am Arsch lecken könne, und war raus. Klingt nach Klischee, war aber so: Schon auf dem Weg nach draußen übermannte mich unglaubliche Erleichterung. Das Gefühl von Freiheit. Das Durchatmen auf dem Weg nach Hause – ich hatte mich sehr, sehr lange nicht so leicht und glücklich gefühlt.

Zwei Stunden später war ich im Wasser, zurück in meinem Element. Auch wenn es in meinem Leben danach harte Zeiten und quälende Phasen der Ungewissheit gab – ich habe diesen Schritt nie bereut.

Um Geld zu verdienen, heuerte ich bei der Tauchschule an, bei der ich meinen ersten Tauchschein gemacht hatte, und meldete mein erstes Gewerbe als Berufstaucher an. Es musste doch möglich sein, von der großen Leidenschaft meines Lebens auch leben zu können! Ich war bereit, einfach alles dafür zu tun. Konnte ja keiner ahnen, am wenigsten ich selbst, was ich dann wirklich alles für meinen Traum tun musste.

24. EIS

Obwohl ich nun schon etliche Jahre tauchte, hatte ich es nie geschafft, mir einen Trockenanzug zuzulegen. Mal hatte ich keine Kohle, dann wieder in einer langen Sommersaison keinen akuten Bedarf. Es folgten Stunden der Verzweiflung, wenn ich in den kälteren Monaten mal wieder in den bayerischen Seen vor mich hin zitterte und in mein Mundstück fluchte.

Ich tauchte das ganze Jahr in meinem alten, sieben Millimeter dicken Neoprenanzug, der nur über seine Passform isoliert: Eingedrungenes Wasser wird durch den Körperkontakt erwärmt und bildet eine Isolationsschicht. So jedenfalls die Theorie. Je kälter es draußen wurde, desto unangenehmer wurden die Tauchgänge in den Seen. So kam ich auf die grandiose Idee, mir mit heißem Wasser zu behelfen, das ich mir vor dem Tauchgang in den Anzug goss und mir beim Auftauchen von hilfsbereiten Kollegen reinkippen ließ. Häufige, schmerzhafte Folge: Verbrühungen am ganzen Körper. Denn natürlich hatte ich schon nach dem ersten Bibber-Tauchgang kein Temperaturgefühl mehr im Leib und spürte viel zu spät, wie heiß das Wasser war, das ich da in den Kragen bekam.

Es gab nur eine Lösung: Ich brauchte einen Trockenanzug. Ein pensionierter Berufstaucher vermachte mir feierlich seinen Viking-Konstant-Volumenanzug aus gummiertem Gewebe.

In dieses uralte Ding hätte ich schmaler Hering zweimal reingepasst – und der Zahn der Zeit hatte leider ein Sieb aus dem schicken Anzug gemacht. Das Gummi war brüchig und für jedes Loch, das ich mit Fahrradflicken notdürftig zuklebte, kamen schnell zwei neue dazu. Ich behalf mir damit, dass ich einfach zusätzlich meinen Neoprenanzug darunter anzog – immerhin sah ich so etwas professioneller und cooler aus. Das würde mir in der anstehenden Eistauchsaison aber auch nicht helfen. Ich brauchte endlich einen echten, funktionierenden Trockenanzug, der mit damals etwa 1 000 Mark für mich so erschwinglich war wie ein Flug zum Mond.

Also biss ich die Zähne zusammen: Ich buchte alle Kurse eines Wochenends voll, neun Schüler würden mir ermöglichen, mein Ziel zu erreichen. Drei Seminare an einem Tag, drei Tauchgänge von je 45 bis 60 Minuten unter dem Eis des kleinen Sees …

An der Oberfläche kippte mir wie gehabt ein Helfer jeweils ein paar Thermoskannen heißes Wasser in den Anzug, während ich im Eisloch hing und Tee schlürfte. Nach drei Stunden war ich trotzdem stocksteif gefroren und schaffte es kaum noch, aus dem Wasser zu klettern. Brust und Rücken waren heftig verbrüht, im Gegensatz zu meinen Händen: Die blauschwarzen Finger wiesen deutliche Anzeichen von Erfrierungen auf. Das war der Preis für meinen neuen Anzug, bis heute reagieren meine Hände schlecht auf Kälte und platzen bei Temperaturschwankungen schnell auf, wenn ich nicht aufpasse. Immerhin, nach diesem Wochenende gehörten durchfrorene Tauchgänge der Vergangenheit an.

25. NAZI-FUND

Manchmal ist es der reine Zufall, der einen auf ganz neue Wege schickt, die man gar nicht auf seiner Karte hatte. Ich beschäftigte mich gerade mit einem neuen Scooter, den ich mir zugelegt hatte und ordentlich trimmen wollte. Das Ding musste mit kleinen Bleigewichten so austariert werden, dass es wirklich schwebte, und ich mit ihm. Dafür fuhr ich immer wieder an den Walchensee und stieg an einer abgelegenen Stelle ins Wasser, wo ich meine Ruhe vor Tauchern oder Touristen am Ufer hatte. An einem warmen, goldenen Herbsttag dauerte es trotzdem nicht lange, bis sich die ersten Spaziergänger blicken ließen und die Szene mit dem geschäftig bastelnden Taucher im Wasser interessiert beobachteten. Ich hatte den Scooter gerade wieder an Land gezerrt, ihn geöffnet und mich daran gemacht, ein weiteres Bleiplättchen einzubauen, als sich ein älteres Ehepaar vorsichtig näherte. Der Mann, sicher über 80 Jahre alt, fasste sich schließlich ein Herz, kam auf mich zu und fragte, ob ich an dem Laster da unten tauchen würde. Ich sah ihn fragend an, erklärte ihm kurz was ich hier machte, aber meine Neugierde war geweckt. Von einem LKW im See wusste ich nichts. Der Mann erzählte mir, dass sein Vater gegen Ende des Zweiten Weltkriegs Dorfpolizist im Ort gewesen sei. Er sei als Jugendlicher selbst dabei gewesen, als sein alter Herr die Straße gesperrt habe – für eine SS-Einheit, die hier in den bayerischen Voralpen einen mit Kisten beladenen

LKW im See versenkte. Er könne sich genau erinnern, es sei exakt hier an dieser Stelle gewesen, und er habe sich auf seinen Spaziergängen immer wieder gefragt, was wohl in den Kisten gewesen sei. Wir unterhielten uns noch eine Weile, ich erklärte ihm, dass an dieser Stelle nicht getaucht werden dürfe, da sich in der Nähe ein Kraftwerk befinde und die Sicht aufgrund der Wasserbewegung zu schlecht sei, dann verabschiedeten wir uns. Ich aber war wie elektrisiert!

Schon am nächsten Morgen kehrte ich mit voller Ausrüstung zurück. Ich parkte etwas abseits, ging ins Wasser und schwamm zu der Stelle, an der ich am Tag zuvor meinen Scooter getrimmt hatte. Dort angekommen, folgte ich der Schlickhalde in die Tiefe und stieß in gerade einmal zwölf Metern Tiefe auf das Führerhaus eines Lastwagens, das als rostiges Gerippe aus dem Schlamm ragte…

Das Führerhaus des Lasters war bis zu den Sitzbänken mit Schlamm gefüllt, ansonsten war es leer. Nichts zu sehen. Ich tauchte Richtung Heck, das irgendwo da unten eingegraben sein musste, die Pritsche war komplett im Schlick versunken. Mir blieb nur eins: graben. Mit den bloßen Händen! Die Sicht war durch den aufgewirbelten Sand schlagartig gleich null, sodass ich mich durch den zähen Schlamm tasten musste. Nach einer Weile spürte ich Holz. Eine Kiste? Oder nur ein Brett? Es war vollkommen unmöglich, das Ding ohne Hilfe aufwendigerer Technik freizulegen, geschweige denn herauszuholen. Ich fing also an, das Holz in dem Loch mit meinem Messer zu traktieren und stocherte eine Weile im Dunkeln herum, bis es nachgab und ich eine Hand hineinstecken konnte. Ganz vorsichtig! Ich spürte harte Tafeln, weiches Papier, das sich sofort in meinen Händen auflöste. Ich griff mir einen der festen Gegenstände, konnte aber nichts erkennen und trat den Rückzug an.

Zurück an der Oberfläche, noch im Wasser kniend, packte ich meinen Fund aus. In Händen hielt ich eine tadellose Druckplatte für eine englische Pfundnote. Ich hatte zwar von der Operation Bernhard gehört, mit der die Deutschen während des Krieges versucht hatten, mit falschen Pfundnoten die englische Wirtschaft zu destabilisieren, aber soweit ich wusste, war die Fälscherwerkstatt mit allem Drum und Dran im österreichischen Toplitzsee gelandet. Welchem Geheimnis war ich hier auf die Spur gekommen?

Meine Bedenken besiegten in diesem Fall meinen Forscherdrang und meine Neugier. Da das Tauchen an dieser Stelle strikt verboten ist und ich keine Lust auf Behördenstress oder Schlimmeres hatte, beließ ich es einfach bei meinem Zufallsfund. Was sollte die Welt mit diesem wertlosen Nazi-Schatz? Erst Jahre später tauchte ich noch einmal zu meinem Lkw-Wrack – es war fast komplett im Sand versunken, ich denke, heute ist nichts mehr zu sehen.

Ich habe mein kleines Souvenir in Ehren gehalten. Nur dem alten Herrn, der mich bei seinem Spaziergang am Ufer des Sees auf dieses kleine Geheimnis gestoßen hatte, hätte ich gerne erzählt, was er da als Junge gesehen und worüber er sein ganzes Leben gegrübelt hatte.

26. NETZ IN DER SCHRAUBE

Dass Einsätze und Expeditionen auf hoher See vermutlich etwas spektakulärer sind als in bayerischen Seen, liegt in der Natur der Sache: Hohe Wellen, blitzartig und häufig wechselnde Wetterlagen und plötzlich aufziehende Stürme, wesentlich gefährlichere Strömungen und die Tiefe des Meeres machen einen großen Unterschied. Während Tage auf dem Meer oft wie ein Ritt auf einem wilden Mustang sind, muten Tauchgänge in Seen mitunter wie Kinderrunden auf dem Ponyhof an.

Bei einer Wrack-Expedition in der Nähe der schwedischen Insel Öland empfingen wir eines Morgens den Notruf eines russischen Fischkutters. Das Netz hatte sich in der Schraube verheddert, das Boot trieb manövrierunfähig in den Wellen und war von der Mannschaft nicht mehr flottzukriegen. Soweit eigentlich keine große Sache, wenn nicht ein heftiger Sturm beschlossen hätte, uns das Leben schwer zu machen. Eigentlich wäre es höchste Zeit gewesen, den Rückzug in den Schutz des Hafens anzutreten. Bloß weg hier! Aber natürlich beschlossen wir, zu helfen und kämpften uns durch das tobende Meer auf den Havaristen zu, der ohne Antrieb den Gewalten hilflos ausgeliefert war.

Die Schraube musste vom Netz befreit werden, und es war klar, dass nur wenige Taucher an Bord für eine solche Aktion wirklich in Frage kamen. Ich konnte der Versuchung, meine Grenzen zu testen, mal wieder nicht widerstehen, und meldete mich freiwillig, zusammen mit einem ehemaligen NVA-Taucher namens Jan. Der hatte Nerven aus Stahl, wie ich in den Tagen zuvor, als wir einige Male zusammen getaucht waren, hatte erfahren dürfen.

Die See erinnerte an einen Kochtopf auf großer Flamme und in diesem Topf tanzte der russische Kutter wie ein Korken. Wir fuhren so nah, wie es gefahrlos möglich war, an das havarierte Schiff heran und sprangen dann in voller Montur in das nasse Inferno. So schnell wie möglich tauchten wir ab, um uns dem taumelnden Kutter von unten zu nähern und vor seinem taumelnden Rumpf einigermaßen sicher zu sein. Unter dem Schiff wurde ein Knäuel des zerfetzten Netzes sichtbar, das durch die heftige Wasserbewegung wie ein wild tanzender Derwisch um sich schlug. Vorsichtig bewegten wir uns auf die Schraube des stampfenden Schiffes zu, wobei wir höllisch aufpassen mussten, dass uns das messerscharfe Ding nicht zerlegte. Regelmäßig durchbrach die Schraube wasserspeiend die Wasseroberfläche, um kurz darauf wieder zurück ins Meer zu knallen und sicherlich drei Meter tief einzutauchen. Ich wusste nicht, wie wir uns ihr nähern sollten. Aber Jan bekam das äußere Ende des Netzes zu fassen und krallte sich mit aller Kraft fest. Er wurde zwar hin- und her geschleudert, konnte sich aber halten und zog sich Stück für Stück an den Maschen des Knäuels entlang zur Schraube. Ich wartete auf den richtigen Moment, um es ihm nachzumachen. Nach einiger Zeit hingen wir beide am Netz und arbeiteten uns zur Schraube vor. Achterbahn auf hoher See! Doch wir schafften es, uns dem Rhythmus des

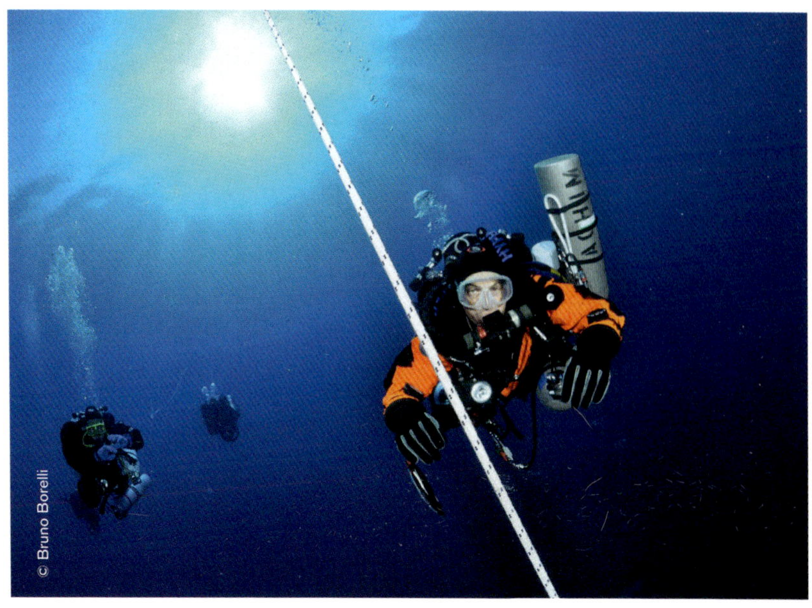

The Big Blue: Hier mit zwei Tauchkollegen bei einem Dekompressionsstop nach einem Tauchgang zum Wrack der *Ischia* vor Porto Fino (Italien).

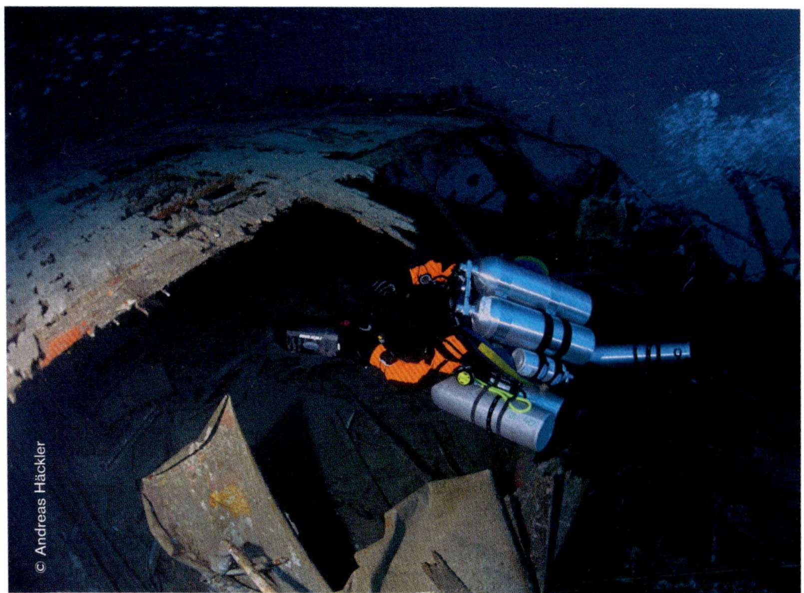

Unterwegs im Roten Meer (Ägypten), auf Spurensuche an einem unbekannten Wrack in rund 80 Metern Tiefe. Aufgrund der zerfetzten und scharfkantigen Wände ist Vorsicht geboten!

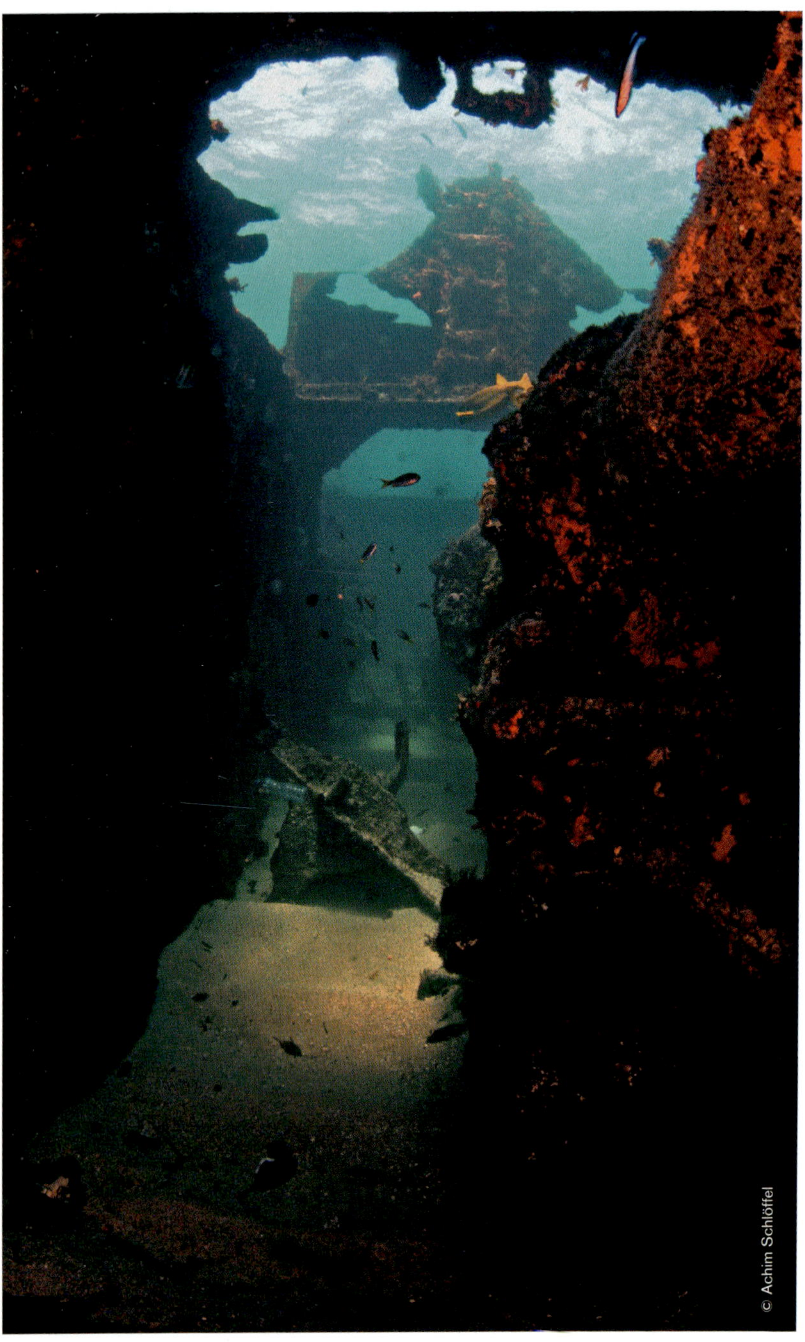

An einem flach im Wasser liegenden Wrack vor Mombasa in Kenia. An den afrikanischen Küsten warten noch viele unberührte Schätze in den Ozeanen.

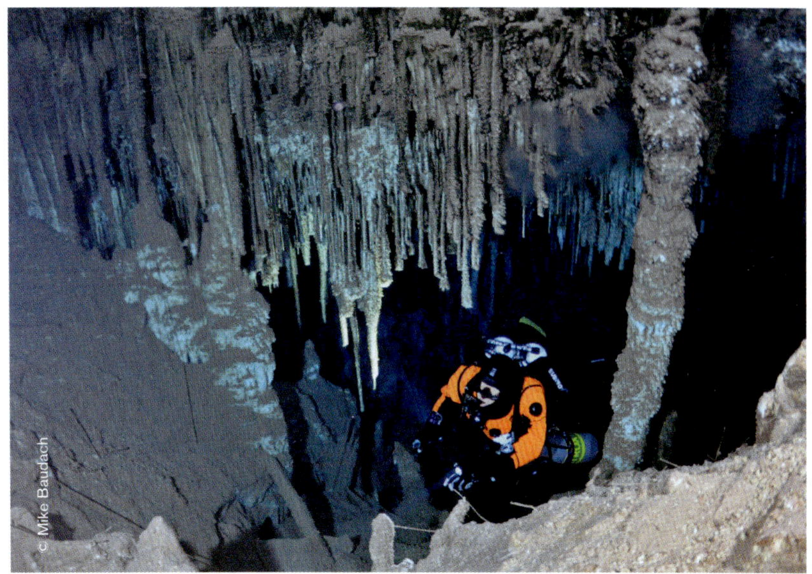

Einfach Spitze: In der unter Höhlentauchern populären, aber für die Öffentlichkeit gesperrten Cova de sa Gleda in Camp des Pou im Osten Mallorcas. Mit 13,5 Kilometern ist sie die längste Unterwasserhöhle Europas, ihre Tropfsteine aus Kalkstein sind wunderschön geformt – in Acht nehmen muss man sich hier trotzdem, vor allem mit den Sicherungsleinen.

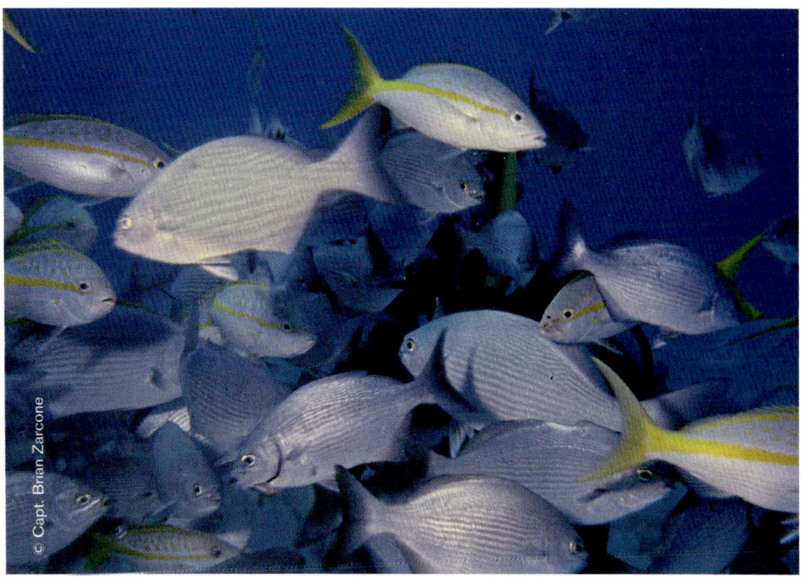

Mittagessen für alle! Ich verschwinde dabei in einem Schwarm Fische, die versuchen, die leckeren Fischreste von meiner Maske zu fressen.

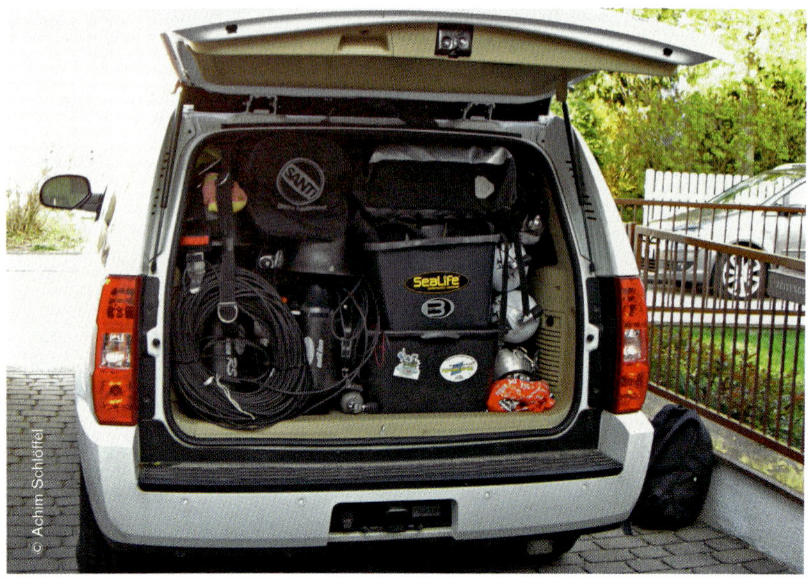

Materialschlacht: Das Auto ist fertig gepackt zur Abfahrt – für ein einziges Wochenende Wracktauchen.

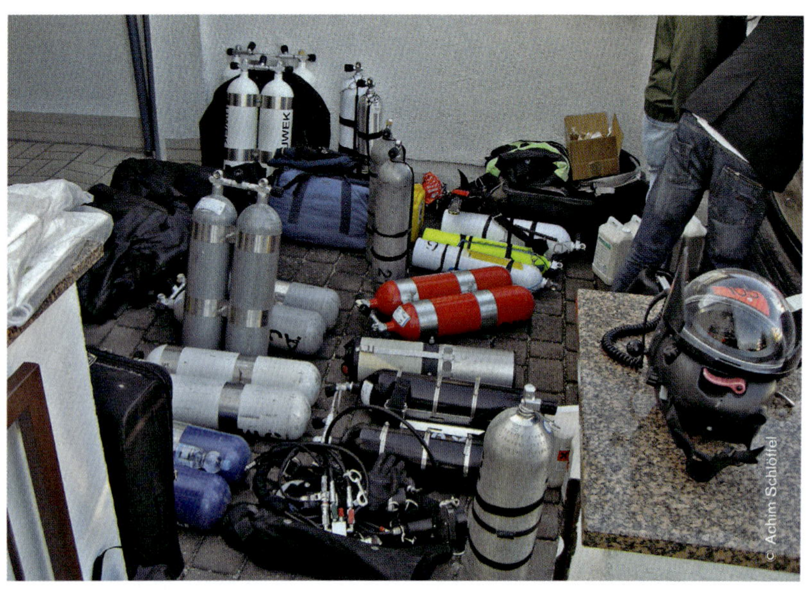

Das Wichtigste an der Vorbereitung: Die genaue Luft-Planung für die Tauchgänge. Welche Mengen in wie vielen Flaschen, welche Gasmischung muss man wählen? Die Vorbereitungen ziehen sich oft über mehrere Tage.

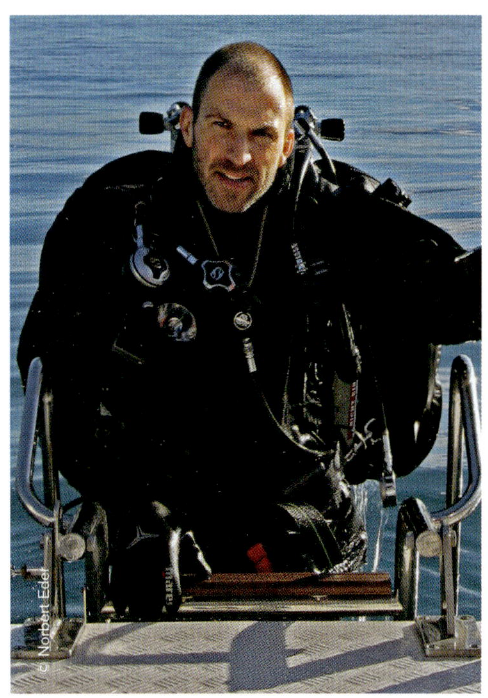

Nach einem Tauchgang am Wrack der *Genova* an der ligurischen Küste 2002. Die Schwerelosigkeit unter Wasser ist mit einem Schlag verflogen …

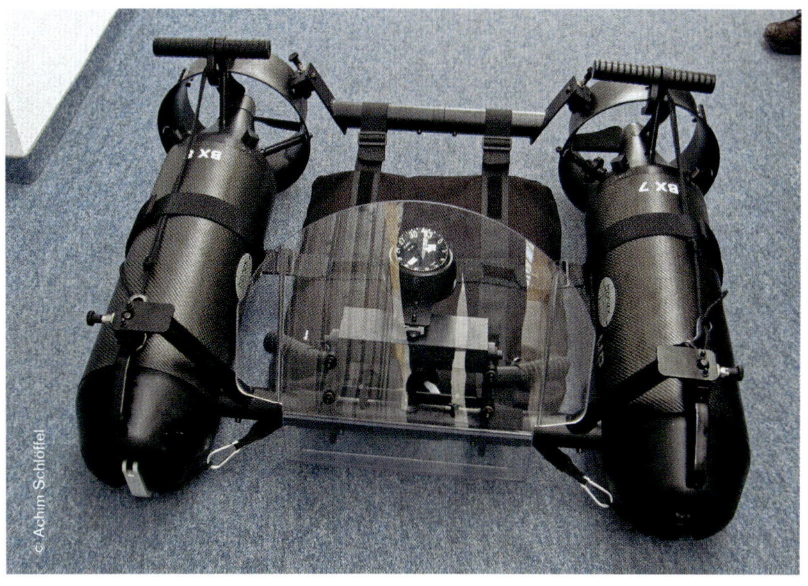

Das Bonex Shuttle, das mich durch den Ärmelkanal zog. Jahrelang wurde an dem Gerät getüftelt, Feinheiten verändert und justiert – bis die beiden Antriebe tauglich für den Extrem-Einsatz der Expedition waren. Hätte das Gerät versagt, wäre ich in der eisigen Nordsee auf mich alleine gestellt gewesen.

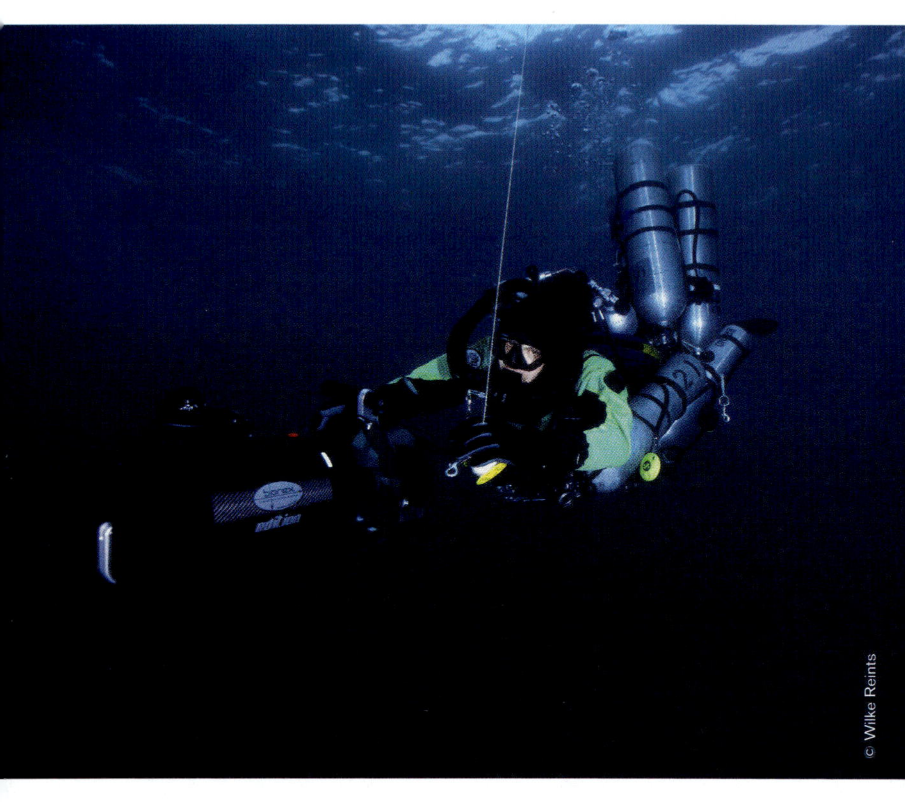

Im freien Wasser treibende Dekompression nach einem langen, tiefen Tauchgang im Mittelmeer. Die Boje zeigt dem Boot an, wo die Tauchgruppe ist, sodass es bis zum endgültigen Aufstieg folgen und Material und Menschen direkt aufnehmen kann.

Dickes Ding: Mit solchen „Aquazepp“-Scootern tauchten mein Team und ich am Wrack der *Lancaster* im Walchensee (Bayern).

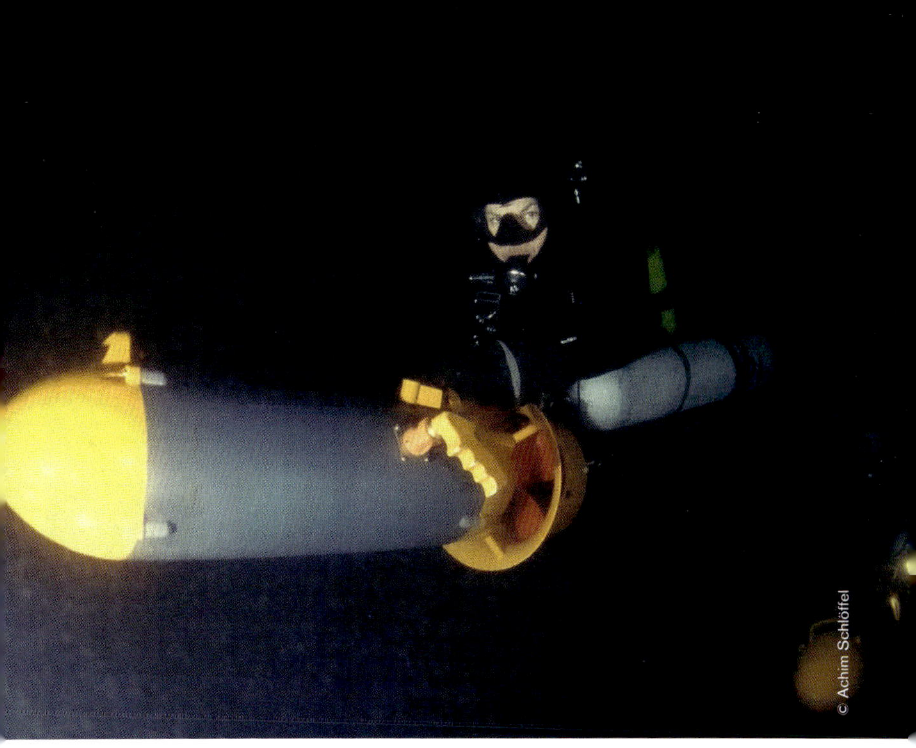

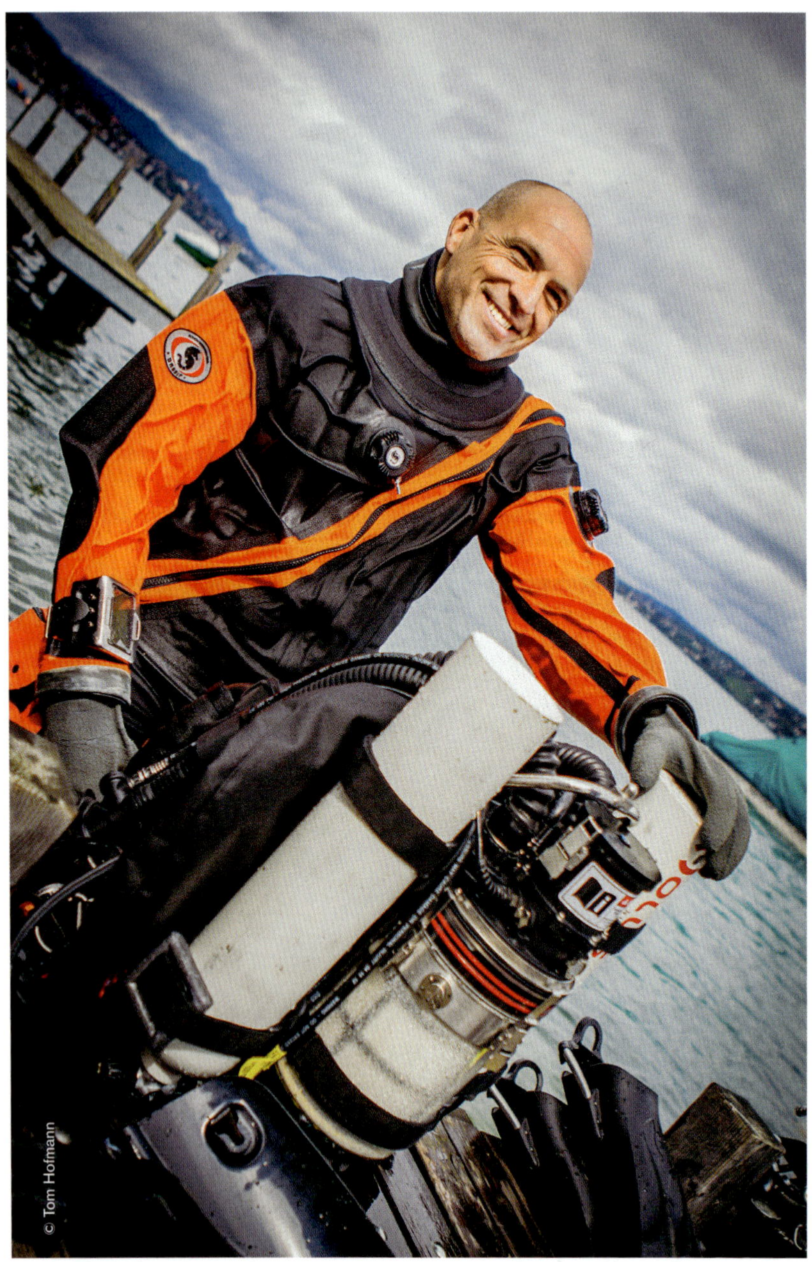

Bitte lächeln: In meinem typischen Trockentauchanzug präsentiere ich bei einem Foto-Shooting am Zürichsee einen Rebreather, ein Kreislaufsystem für die Atemluft des Tauchers.

Gerüttels und Geschleuders anzupassen, und konnten damit beginnen, die Schraube mit unseren Messern freizuschneiden. Die Crew an Bord war clever genug, das Netz mit Hilfe der Winde unter Spannung zu halten. Nach 20 Minuten, die sich anfühlten wie ein ganzer Tag Schwerstarbeit, bekamen wir die Schraube frei und tauchten so schnell wir konnten wieder vom Schiff weg. Leider nicht weit genug für mich. Der Schiffsrumpf erwischte mich voll an der Schulter. Ein fürchterlicher Schmerz durchzuckte mich, dennoch schafften wir es zurück zu unserem Boot. Am nächsten Morgen lachte mich ein riesiger, schwarzlila Bluterguss im Spiegel an. Trotzdem: In erster Linie war ich ein bisschen stolz auf diesen Rettungseinsatz, der mich um eine spannende Erfahrung reicher gemacht und mir das gute Gefühl gegeben hatte, ernsthaft in Seenot geratenen Menschen mit meinen Fähigkeiten aus der Patsche geholfen zu haben.

Der Kutter konnte nach seiner Befreiung wieder Fahrt aufnehmen und lief kurz nach uns im sicheren Hafen ein. Alle waren heilfroh, dass das Ganze einen so glimpflichen Ausgang genommen hatte. Der Kapitän bedankte sich bei uns mit einer großen Kiste frischem Fisch für ein üppiges Mannschaftsabendessen an Bord. Diese sicherlich leckere Mahlzeit wäre aber vermutlich meine letzte gewesen. Wie schon erwähnt, war aufgrund meiner Lebensmittelallergie an Fisch nicht zu denken. Inmitten fröhlich schlemmender Taucher, die in ihren Kojen gelegen hatten, während wir das Netz freischnitten, aß ich daher trockene Nudeln – genau wie Jan, der Fisch einfach nicht ausstehen konnte.

27. RATTEN IM KANAL

Einer der Jobs, die mich bis heute verfolgen und mir nicht aus dem Kopf (oder besser: aus der Nase) gehen, spielte sich in der Kanalisation ab. Das Abwasser- und Drainagesystem des Volksfestplatzes einer kleineren Stadt südlich von München wurde einmal im Jahr durchgespült und auf Dichtigkeit, mögliche Blockaden und Rost überprüft – von einem Berufstaucher, der sich in diese Unterwelt wagte.

Ich kam rein zufällig an diesen Job. Über eine Kleinanzeige in einem Lokalblatt hatte ich eine gebrauchte Taucherausrüstung erstanden. Der Mann, der mir seine tadellosen Sachen für kleines Geld überließ, hatte genau diesen Job über Jahre erledigt. Nun wollte er sich diese Nummer nicht mehr antun und so beerbte ich ihn gewissermaßen. Der Job war gut bezahlt und hörte sich spannend an. Also bewarb ich mich darum.

Ein paar Wochen später war es soweit. Ich wurde von einem Mitarbeiter der Straßenmeisterei und einem Polizisten erwartet. Ernüchterung machte sich breit, als ich realisierte, dass es sich um knapp 500 Meter Abwasserrohr handelte, das so eng war, dass ich die Wände mit beiden Schultern berührte. Außerdem gab es lediglich vier Gullys, an denen ich diese klaustrophobische Enge verlassen konnte. Mein Vorgänger war, wie ich mich jetzt erinnerte, nur circa 1,60 Meter groß und eher schmächtig. Ich dagegen war mit 1,90 Meter kein ganz schmales Hemd. Aber was sollte ich machen. Ich griff mir also zwei Vier-Liter-Flaschen mit 300 Bar (mehr Equipment hätte nicht in das enge Rohr gepasst) und zwängte mich durch einen Gully hinab in die Finsternis.

Die erste Akrobatiknummer stand gleich beim Einstieg in das Rohr an: Ich musste mich in der Körpermitte um 90 Grad verbiegen, um aus der Vertikalen in das horizontale Rohr zu gelangen. Die Brühe, die mich empfing, war eiskalt, eklig trüb und auch der Geruch war wenig erfrischend. Nase zu und durch: Ich tauchte los und verschwand in dem Rohr. Aber von Tauchen konnte weniger die Rede sein, eher langsam und umständlich wie ein kleiner, dicker Käfer, der sich durch einen engen Strohhalm puhlt, arbeitete ich mich vorwärts. Nach spätestens 500 Metern würde mich ein Lichtpunkt zurück zu meinem Eingangsgully lotsen. An dieses Ziel dachte ich, als ich feststellte, dass das Rohr nicht vollständig mit Wasser gefüllt war und sich im oberen Teil ein zehn Zentimeter hoher Luftraum befand. Ich drehte mich auf den Rücken, um zu prüfen, wie das Rohr an der Decke aussah. Als ich die Wasseroberfläche durchstieß und die Lampe nachzog, wurde ich fast erschlagen. Ein infernalischer Gestank nach Tod und Verwesung raubte mir die Sinne!

Der grausige Grund des Gestanks: Etliche Ratten, die in der Trockenzeit das Rohrsystem bevölkert hatten, waren bei der Flutung offensichtlich ertrunken. Mein Kopf war eingebettet in eine solide, dicke Schicht aufgedunsener, verwesender Rattenleiber. Ich zog den Kopf so schnell wie möglich wieder unter Wasser und drehte mich zurück auf den Bauch. Der Ekel war unbeschreiblich, ich atmete heftig und war kurz davor, mich zu erbrechen. Als ich meinen Luftvorrat kontrollieren wollte, stelle ich fest, dass ich in dem engen Rohr nicht nach meinem Messgerät langen konnte. Mir blieb nichts anderes übrig als zu hoffen, dass es bis zum nächsten Gully reichen würde und ich hier unten nicht den toten Ratten für immer Gesellschaft leisten musste.

Ich brauchte eine endlose halbe Stunde, bis ich den ersehnten Lichtschimmer erreichte. Ich machte mich nochmal krumm, zwängte mich um die Ecke und kroch endlich aus dem Rohr. Mein Luftvorrat war sogar noch okay.

Für das nächste Jahr musste sich die nette kleine Stadt einen anderen Taucher suchen, dieses ehrenvolle Amt stellte ich gerne zur Verfügung. Vielleicht haben sie ja einen Kleinwüchsigen ohne Geruchsinn gefunden.

28. KUH IM KRAFTWERK

Ich kann von einigen Ekeljobs dieser Art berichten – aber hey, man muss ja auch mal die Komfortzone verlassen und dahin gehen, wo's wehtut, damit die Kasse stimmt und die Miete bezahlt werden kann!

Ein Wasserwerk bei München war lahmgelegt, weil sich im Ansaugbereich unter Wasser eine tote Kuh verfangen hatte. Das bedauernswerte Tier war offenbar in den Stausee gerutscht, jämmerlich ertrunken und längere Zeit umhergetrieben, bevor der Kadaver von den gewaltigen Turbinen angesaugt wurde. Die Überreste des Tieres, schon ziemlich aufgeweicht und in ihre Einzelteile zerfallen, wurden langsam durch das Kraftwerk gespült. Bei der routinemäßigen Kontrolle der Wasserqualität ergab sich, dass hier etwas nicht stimmte, und man kam dem Kadaver auf die Spur.

Ein alter Freund von mir, der bei der Polizei arbeitete, empfahl mich anzurufen, um das Problem zu lösen.

Der Ansaugbereich des Kraftwerks liegt in einem Stollen, der in etwa fünf Metern Tiefe in der Nähe des Ufers beginnt. Nach zehn Metern erreicht man ein Gitter im Stollen, dahinter beginnen die Fallrohre, durch die das Wasser in die Tiefe stürzt und die Turbinen antreibt. Ehrlich gesagt: Ich konnte die Kuh schon riechen, als ich am Ufer stand. Da ich damals aber noch keine Profiausrüstung und keine Vollgesichtsmaske hatte, zog ich mir lediglich eine zusätzliche Eishaube über den Kopf, rieb mir etwas China-Öl unter die Nase und sprang ins Wasser. Es dauerte nicht lange, und ich war bei der verendeten Kuh angelangt. Ihr Körper war bestimmt auf das Doppelte der ursprünglichen Größe aufgedunsen (auch wenn das menschliche Auge unter Wasser alles wesentlich größer wahrnimmt) und von den Wassermassen tief in das Gitter gedrückt worden. Ich zog und zerrte an dem Kadaver herum, jedoch ohne Erfolg. Das Vieh bewegte sich kein Stück.

Da die Zeit drängte, tauchte ich noch mal auf, holte meine Druckluftsäge aus dem Auto, organisierte ein paar alte Postsäcke und fing, wieder zurück bei der Kuh, an, diese in kleine Teile zu zerlegen, die Stücke in die Säcke zu stopfen und nach und nach aus dem Stollen zu schaffen. Die Sicht war null, der Gestank einfach unbeschreiblich – bis heute habe ich ihn in der Nase, wenn ich daran denke. Über fünf Stunden brauchte ich für den Job, und jedes Mal, wenn ich mit neuen Kuhteilen auftauchte, blickte ich in Gesichter, die immer grüner wurden.

Nachdem ich endlich fertig war, nahm ich mein Geld in Empfang, fuhr so schnell wie möglich nach Hause, warf meinen Taucheranzug in die Mülltonne – und verbrachte Stunden in der Badewanne, verbrauchte mehrere Tuben Duschgel und schrubbte mich fast kaputt in der Hoffnung, den bestialischen Gestank jemals wieder loszuwerden. Es brauchte Tage, bis ich mich selbst wieder riechen konnte.

29. SÄGE

Als Mann fürs Grobe bezahlt zu werden, war zwar nicht mein Lebensziel, aber einen alten, verrotteten Steg im Ammersee bei München zu entfernen, klang eigentlich auch nicht wie ein besonders erniedrigender Job. Kaputt machen, einsammeln, wegräumen, fertig. Vor Ort dann das böse Erwachen: Die Pfähle waren fest im Schlamm verankert und an der Wasseroberfläche nicht zu sehen. Aber gerade dadurch stellten sie eine Gefahr für Schwimmer und Boote dar und sollten weg. Nachdem ich den ersten Pfahl, der zwar reichlich morsch war, sich deswegen aber nicht unbedingt besser sägen ließ, mit der Handsäge durchtrennt hatte, war mir klar, dass dies nicht die Lösung sein konnte und ich Hilfe brauchte, wenn ich hier im trüben, eiskalten Uferwasser nicht tagelang beschäftigt sein und mir Blutblasen an den Händen holen wollte. Ein Freund von mir besaß eine mit Pressluft betriebene Säge, die auch unter Wasser funktionierte. Dieses Ding lieh ich mir aus und machte mich mit ihr am nächsten Pfahl zu schaffen, musste aber bald auftauchen, um das Sägeblatt zu wechseln. Mein Kumpel Matthias, der am Ufer wartete, nahm die Säge in Empfang, die von einer Pressluftflasche am Ufer betrieben wurde, mit der sie durch einen langen Schlauch verbunden war, und ich ging wieder auf Tauchstation, um derweil mit der Handsäge weiterzuarbeiten, bis die Pressluft-Supersäge wieder einsatzbereit war. Plötzlich hörte ich ein Geräusch, das mich hochschrecken ließ: Ein unangenehmer, hoher, seltsam rasselnder Ton, dessen Ursprung ich unter Wasser nicht sogleich zuordnen konnte. Doch das Geräusch wurde immer lauter. Ich drehte mich in alle Richtungen und versuchte angestrengt, etwas im trüben Wasser zu erkennen – und hätte fast meinen Lungenautomaten verschluckt: Die kreisende Säge kam durchs Wasser genau auf mich zu, wie in einem Horrorfilm, Titel: Kettensägen-Massaker im Todes-See …

Was war passiert? Mein Kumpel hatte den Blattschutz, den man normalerweise wegdrücken musste, um die Säge betätigen zu können, abmontiert. Und als er die Pressluftflasche aufgedreht hatte, war die Säge angesprungen, hatte sich selbstständig gemacht und war vom Steg ins Wasser gerasselt …

Es war reines Glück, dass ich noch reagieren konnte, bevor ich eine unfreiwillige Rasur bekommen hätte. Im letzten Moment wich ich aus, das Sägeblatt raste knapp an meinem Gesicht vorbei und verschwand im Trüben. Ich packte den Schlauch, den die wild gewordene Säge hinter sich herzog, um sie zurück ans Ufer zu ziehen. Erst jetzt dreht mein blasser Helfer die Flasche zu, und die wilde Bestie verstummte.

30. VERHEIZT

Ausrüstung und neue Entwicklungen von Herstellern zu testen gehörte lange Zeit zu meinen Jobs. Für gewöhnlich lernt man sehr viel dabei und ist überdies immer auf dem neuesten Stand der Technik. Manchmal fühlt man sich aber auch wie eine Art Versuchskaninchen unter Wasser.

Einmal sollte ich ein kleines Heizpad, das man im Tauchhelm festkletten konnte, ausprobieren. Super Idee, dachte ich. Der Kopf, über den wir die meiste Körperwärme verlieren, ist beim Tauchen oft schutzlos dem eiskalten Wasser ausgesetzt. Ich brachte das Teil also in meinem Tauchhelm an und ging unter Wasser. Das Heizpad funktionierte in der Tat super, und ich fühlte mich zunächst mollig warm. Nach einer halben Stunde indes wurde die Wärme ziemlich unangenehm, und ich versuchte, die Heizleistung herunter zu regeln. Dazu gab es einen verborgenen Knopf, aber das Teil reagierte nicht. Mir wurde immer heißer am Schädel. Nach einer Weile hielt ich es nicht mehr aus. Ich hatte das Gefühl, mein Kopf stecke in einem Heißluftofen mit 180 Grad Celsius wie eine Pizza mit Ohren. Hinter dem linken machte ein brennender Schmerz die Sache gänzlich unangenehm. Aber erst als sich der beißende Geruch von verbranntem Fleisch in meinem Helm breitmachte, brach ich den Tauchgang ab. Offenbar schmorte etwas hinter meinem Ohr. Und das war meine Haut. Ich wurde vom Heizpad gegrillt, doch konnte ich aufgrund der zwingend notwendigen Deko-Stopps erst eine halbe Stunde später aus dem Wasser, die Halsmanschette öffnen und mir den Heizhelm vom Kopf reißen. Dabei trennte ich mich auch von einem Stück geschmolzener Kopfhaut. Der Horror! Ein Kollege eilte mir zur Hilfe, an seinen Flüchen erkannte ich, dass hier etwas ganz und gar nicht in Ordnung war. Einer der Heizdrähte des Pads hatte sich hinter meinem Ohr ins Fleisch gebrannt. Beim Absetzen des Helms wurde der Draht aus der verkokelten Masse aus Fleisch und Blut und Nerven gerissen … Ja, Sie sagen es: aua.

Aber ich verklagte den Hersteller nicht und brannte die Firma auch nicht nieder, sondern versuchte es mit einem wenig begeisterten, deutlichen Brief.

Die Antwort: Ein paar Wochen später fragte man nach, ob ich bereit wäre, die garantiert verbesserte Version des kleinen Helmheizgeräts zu testen. Nun, ich lehnte dankend ab. Lieber kalte als gar keine Ohren mehr. Soweit ich weiß, kam das Gerät nie auf den Markt.

31. BETON

Den Notruf aus dem Betonwerk hätte ich damals lieber überhören sollen. Leider ging ich aber ans Telefon und wimmelte den Anrufer nicht ab.

Im Rührwerk eines der großen Kessel, in denen Fertigbeton gelagert wird, um bei Bedarf auf die Betonmischlaster verteilt zu werden, hatte sich ein Stein verkeilt. Die graue Masse drohte auszuhärten. Alle Bemühungen der Arbeiter, das Werk wieder in Gang zu bringen, waren gescheitert – und es waren nicht genug LKW vorhanden, um das Silo zu leeren. Das Silo wurde zwar mit Wasser gefüllt, aber ohne die Rühranlage würde dennoch in absehbarer Zeit ein recht stattlicher Betonklotz für immer auf dem Betriebsgelände stehen. Ob ich helfen könne?

Ich packte also wieder einmal Kompressor, Trockenanzug und Helm ein und begab mich zu dem Werk. Die Aktion im Zeitraffer: Ich stieg in den Kessel, der mit Beton gefüllt war, der noch flüssig war, und wühlte mich auf der Innenseite an einer Leiter hinunter bis zum Boden in acht Meter Tiefe. Dort tastete ich mich an der Wand entlang, bis ich mit den Füßen an das Rührwerk stieß. Ich tastete weiter, bis ich den Stein fand. Mit einem Brecheisen löste ich ihn und begab mich schnurstracks auf den Rückweg – Job erledigt.

Und jetzt der gleiche Vorgang in Echtzeit: Für diese recht einfach klingenden Arbeitsschritte benötigte ich über zwei quälend lange Stunden. Alle Bewegungen in der zähen grauen Masse vollführte ich in Superzeitlupe, der Widerstand war brutal. Mein Körper fühlte sich schwer an wie Blei. Das machte die Sache auch für den Kopf sehr anstrengend. Und natürlich konnte ich rein gar nichts sehen. Regelmäßig fuhr ich mit dem Finger über die Scheibe des Helms, was aber natürlich nichts brachte und jedes Mal wertvolle Sekunden kostete.

Und plötzlich war sie da, die Angst vor dem „Was ist, wenn …?“. Was passiert, wenn der Beton doch viel früher aushärtet? Wenn der Schlauch reißt? Der Kompressor spinnt und ausgeht? Ein seltenes Gefühl, äußerst unangenehm: Mich packte Panik, in dieser klebrigen Masse für immer zementiert zu werden. Und ich hatte dieses Mal wirklich große Mühe und brauchte meine volle Kraft, mich unter Kontrolle zu bringen. Atmung beruhigen, konzentriert bleiben, bei sich selbst bleiben, Zuversicht schöpfen. Irgendwie komme ich hier wieder raus … Verdammt!

Als ich schließlich tatsächlich betontriefend aus dem Kessel kletterte, bekam ich erst mal Hochdruck zu spüren und wurde mit einem Wasserschlauch sauber gespritzt. Der Zement hat den Anzug an vielen Stellen so stark in Mitleidenschaft gezogen, dass er nicht zu retten war. Nachdem es mir gelungen war, aus dem Anzug zu steigen, wurde mir plötzlich schlecht und extrem schwindelig, ich kotzte meinen Helfern erst mal vor die Füße. Noch schlimmer: Mein Zustand verschlechterte sich von Minute zu Minute, mir ging es hundeelend. Der Betonsuppe war ich entkommen, aber jetzt drohte ich an Land erbärmlich zu krepieren.

Das ganze Fiasko endete für mich in der Druckkammer unter strenger ärztlicher Beobachtung. Was ich und auch sonst niemand bedacht hatte: Die unterschiedliche Dichte von Wasser und Flüssigbeton. Wenn man das Verhältnis bedenkt, war ich nicht auf 8 Metern gewesen, sondern auf knapp 40 Metern und hätte demzufolge ausgiebig und sorgfältig dekomprimieren müssen.

Da ich aber in der Masse einfach aufgestiegen war, froh ihr zu entrinnen, perlten die Gasblasen in mein Blut aus und führten zu einem klassischen, lebensgefährlichen Dekompressionsunfall. Learning the hard way …

32. VERKLAGT VON EINEM TOTEN

Als ich mein eigenes Tauchcenter in München eröffnete, spezialisierte ich mich auf die Ausbildung im Technischen Tauchen, und von Anfang an achtete ich darauf, nur geeignete Schüler anzunehmen. Nicht jeder, der sich für einen geborenen Taucher hielt, war dazu geeignet, leider sprach sogar oftmals allzu viel dagegen, jemanden unter Wasser zu lassen. Ohne Weiteres wollte ich niemandem ein Brevet, also einen Tauchschein oder ein Zertifikat, verkaufen. Das führte zwar manchmal zu herben Enttäuschungen, Stress und Streit. Es ist aber auch einer der Gründe dafür, dass ich heute mit Stolz sagen kann, dass sich alle von mir ausgebildeten Taucher bester Gesundheit erfreuen und Spaß an ihrem Sport haben.

Unter denjenigen, deren Ausbildung ich rundweg ablehnte, war ein Mann, der eine Mischgasausbildung bei mir machen wollte. Er rief mich an, um sich anzumelden, ich sagte ihm aber, dass ich jeden Teilnehmer persönlich kennenlernen wolle, bevor ich ihn zum Kurs zuließ. Also erschien er am nächsten Tag bei mir im Laden. Er war vielleicht Mitte 30, sah aber wesentlich älter aus, was daran lag, dass seine Haut einen sehr ungesunden grauen Teint hatte. Der wiederum kam vermutlich von den zwei Schachteln Zigaretten, die er täglich durchzog, jedenfalls roch er so. Obwohl er mit dem Auto gekommen war, keuchte er wie ein Asthmatiker nach einem Marathon. Und die sicherlich

30 Kilo Übergewicht machten die Sache aus meiner Sicht auch nicht besser.

Begeistert kam der Mann gleich zur Sache: Trimix-Tauchen wolle er lernen, je tiefer runter, desto besser. Er habe vor, die großen Wracks zu erkunden, *Andrea Doria* oder *Lusitania.* Er könne es kaum erwarten, endlich loszulegen …

Ich bremste seinen Enthusiasmus und erklärte ihm, dass für solche extremen Expeditionen eine lange und gründliche Ausbildung nötig sei, und ich ihn im Übrigen, so leid es mir tue, nicht ausbilden könne und wolle, da sein Fitnesslevel ganz offenkundig nicht den Anforderungen entspräche, die ich an meine Schüler stellte. Da bekam der Mann Farbe ins Gesicht und wurde richtig sauer, beschimpfte mich als arrogantes Arschloch, schließlich würde er mich dafür bezahlen. Aber Tauchschulen gäbe es ja wie Sand am Meer, und er würde schon jemand finden, bei dem sein Geld besser angelegt sei. Ich versuchte ihm ganz ruhig und sachlich darzulegen, dass es mir schon mal gar nicht um sein Geld ging, sondern wies darauf hin, dass er sich und andere in große Gefahr bringen würde, wenn er sich in so schlechtem körperlichen Zustand unter Wasser begebe, vor allem in Tiefen, wie er sie sich leichthin vorstelle. Bevor er an das anspruchsvolle Technische Tauchen überhaupt nur denken könne, müsse er sich erst einmal dringend in Form bringen. Und auch am besten mit dem Rauchen aufhören. Das war zu viel für ihn, und wütend knallte er die Tür ins Schloss.

Das traurige Ende der Geschichte: Ein paar Wochen später erhielt ich einen Brief von einem Anwalt, der mir mitteilte, dass der Ehemann seiner Mandantin bei einem

Tauchgang vor der irischen Küste ums Leben gekommen sei. Sie wolle mich verklagen, weil ich ihrem Mann die entsprechende Ausbildung verweigert hätte und somit eine Mitschuld an seinem Tod tragen würde.

Mein Anwalt regelte die Geschichte und ich hörte nie wieder von der Frau. Doch später erfuhr ich aus Taucherkreisen, dass ihr ehrgeiziger Gatte zu einer anderen Schule gegangen war und dort einen viertägigen Schnellkurs besucht hatte. Die großen Tauchverbände verdienen weltweit Millionen mit solchen Kursen, ohne Rücksicht auf Gesundheit und individuelle Fähigkeiten ihrer Kunden. Danach hatte sich der Mann umstandslos auf einen Solotauchgang an einem Wrack vor Irland in 90 Meter Tiefe begeben – der blanke Irrsinn, unvorstellbar! Umso schlimmer, dass ihn niemand von seinem Vorhaben abgehalten hatte. Unter Wasser hatte er ein Problem bekommen, das er nicht lösen konnte, war an die Oberfläche geschossen und noch im Wasser verstorben.

So leid mir das Ganze für ihn und seine Familie auch tat, so sehr bekräftigte es mich darin, an meiner Linie festzuhalten. Das hat mir mein Leben sicher nicht leichter gemacht, lässt mich aber bis heute ruhig schlafen.

33. HORROR IM HAFEN

Ausbilderjobs führten mich immer wieder nach Israel, ein für mich bis heute besonderes, aufregendes und wunderschönes Land, trotz aller politischen Probleme und dem wahrscheinlich unlösbaren Nahostkonflikt. Ich habe hier wundervolle, herzliche Menschen kennengelernt, die im Angesicht der Bedrohung das Leben in vollen Zügen genießen, sich aber auch mit aller Härte und Konsequenz verteidigen wollen und es dabei immer wieder leider auch furchtbar übertreiben – ein Teufelskreis, den man als Außenstehender, dem die Lage vor Ort ab und zu in der *Tagesschau* geschildert wird, meiner Meinung nach nur schwer beurteilen kann.

Doch Religion und Politik interessieren unter Wasser niemanden: Nach einer dieser zweistündigen, anstrengenden Trainingseinheiten kehrte ich mit meinen Schülern ins Hafenbecken von Ashdod zurück. Als wir gerade dabei waren, unsere Ausrüstung abzustreifen, beugte sich ein älterer Mann über die Brüstung der Mole und fragte mich, ob ich nicht Lust hätte, sein Boot von Algen und Dreck zu befreien. Ich musste nicht lange überlegen – ich hatte nicht nur Interesse an dem kleinen Zusatzverdienst, ich hatte auch Lust, noch im Wasser zu bleiben und etwas zu tun. Ich schickte meine Taucher zum Essen und schwamm zu der Segelyacht.

Als ich um die Ecke einer Mole bog, änderte sich die Farbe des Wassers schlagartig, aus dem sonnendurchfluteten

Aquariumblau wurde ein nach vergammeltem Fisch riechendes, undurchsichtiges Braun. Der Alte reichte mir einen scharfen Spachtel und eine Bürste, und ich tauchte unter dem etwa neun Meter langen Rumpf des Bootes ab. Der Bewuchs ließ sich leicht abschaben und das Rot des Anti-Fouling-Anstrichs kam schnell wieder zum Vorschein.

Als ich am Schwert des Schiffs arbeitete, das natürlich noch etwas tiefer lag, streiften meine Beine immer wieder etwas Weiches. Eine Pflanze? Ein loses Seil? Ich trat danach, da ich mich nicht verheddern wollte. Als ich das Schwert von der anderen Seite sauber machte und ich erneut danach trat, hatte ich den Eindruck, etwas Hartes zu erwischen, das aber nachgab. Was zur Hölle war das? Eine versenkte Boje? Ich schrubbte das Boot fertig, steckte Spachtel und Bürste in die Beintasche meines Anzugs und tauchte am Schwert weiter nach unten in die nun fast schwarze, undurchsichtige Brühe. Da spürte ich wieder den harten Gegenstand und zog ihn zu mir heran.

Im nächsten Moment riss ich die Augen auf, stieß einen Schrei aus und kämpfte den panischen Impuls nieder, nach oben zu schießen. Ich hatte den halb verwesten Kopf eines Menschen in den Händen gehalten!

Sobald mein Herz wieder an seinen Platz gerutscht war, ich meinen Ekel unterdrückt und meine Atmung wieder einigermaßen im Griff hatte, tastete ich mich zu der Leiche zurück. Warum hing sie dort fest? Ich hielt gebührenden Abstand von dem leblosen Körper und erreichte den Grund, wo ich die Lösung des Rätsels fand. Die Füße des Toten steckten in einem Autoreifen, der mit Zement gefüllt war. Nachdem die Polizei erschienen war, durfte ich noch eine Bergeleine an dem Betonklotz anbringen – dann war ich von meinem gruseligen Nebenjob erlöst.

Später erfuhr ich, dass in dem Hafenbecken noch weitere solcher Leichen gefunden wurden, insgesamt waren es acht. Offenbar hatte die organisierte Kriminalität, die auch in dieser idyllischen israelischen Küstenstadt aktiv war, im Hafenbecken einen geeignete Platz gefunden, um ihre Opfer wie in einem Scorsese-Film geräuschlos zu entsorgen …

34. VERMISSTER JÄGER

Bei einem der Ausbildungseinsätze in Israel, die oft wochenlang dauerten und mir immer wieder neue Einblicke in dieses spannende Land ermöglichten, wurde ich von Bekannten gebeten, nach einem jungen Mann zu suchen, der beim Harpunentauchen verschwunden war. Allein mit seinem Kajak unterwegs, war er als Apnoetaucher immer ohne Flaschen auf die Jagd gegangen. Einer Schiffsbesatzung war das verankerte Kajak aufgefallen, das herrenlos in den Wellen schaukelte. Die Rettungskräfte suchten die Gegend ab, aber der Taucher blieb verschwunden. Als man damit rechnen musste, dass er womöglich in einer größeren Tiefe zu bergen war, gaben sie auf. Ihre letzte Chance: Der Taucher aus Deutschland.

Warum war meinen israelischen Bekannten der Fall so wichtig, warum drängten sie so? Ganz einfach: Aus religiösen Gründen ist es für einen gläubigen Juden wichtig, so makaber das klingt, mit all seinen Körperteilen bestattet zu werden. Aus diesem Grund gibt es in Israel Freiwillige, die nach verheerenden Sprengstoffattentaten in aufopfernder, harter Arbeit die zerfetzten Körperteile buchstäblich von den Wänden kratzen. So eine Gruppierung wollte nun auch die Bergung des Harpunenjägers übernehmen – leider hatten die fünf Mitglieder gerade mal einen Grundtauchschein, besaßen null Erfahrung, und ihre Ausrüstung war überdies auch noch vollkommen veraltet. Meine Freunde, bei denen ich zu dieser Zeit wohnte, hatten von dem Vorhaben der fünf gehört und befürchteten, dass es zu weiteren Unfällen kommen würde und sie am Ende die Helfer unter Wasser als Leichen einsammeln mussten. Ob ich helfen könne?

Ich konnte und machte mich auf die Suche. Ich fand den armen Jungen wenige Tage später in einer Tiefe von unglaublichen 48 Metern. Der Jäger war tatsächlich nur mit Atemluft in dieser Tiefe unterwegs gewesen, hatte einen kapitalen Zackenbarsch geschossen, der im Todeskampf in eine Spalte geflüchtet war und sich dort fest verkeilt hatte. Der Taucher, alleine und ohne Messer unterwegs, hatte sich mit einer Hand in der losen Leine zwischen Speer und Harpune verheddert – und sich so an seine zappelnde, um ihr Leben kämpfende Beute gefesselt. Gegen die Kraft des Fisches hatte er keine Chance gehabt und war ertrunken. Ein tragischer, aber auch komplett sinnloser Unfall – mit einem kleinen Messer hätte er sich auch in 48 Metern Tiefe befreien und auftauchen können.

Besonders hat mich bewegt, dass hier eine Gemeinschaft von Menschen bereit war, für ihren Glauben und ihre Überzeugung das höchste Risiko einzugehen und ich ihnen mit ein paar Tauchgängen, die für mich Routine waren, wirklich helfen konnte.

Gleichzeitig zeigte mir der Unfall aber auch, wie leichtfertig Menschen manchmal mit ihrem Leben umgehen. Solche Tauchgänge allein durchzuführen und auf der Jagd unter Wasser nicht einmal ein einfaches Messer dabei zu haben, war nichts weiter als totale, tödliche Selbstüberschätzung.

Es gehört unter Wasser immer dazu, sich mit dem schlimmsten anzunehmenden Fall auseinanderzusetzen, der eintreten kann. Sich konzentriert darauf vorzubereiten, ist zwar aufwendig und mag mitunter lästig sein, macht aber oft den Unterschied aus zwischen Leben und Tod.

35. LEICHE? WELCHE LEICHE?

Wie schwierig der Umgang mit dem Tod auch bei Extremsportarten wie dem Tieftauchen ist, wurde mir bei einem Technischen Kurs bewusst, den ich an einem bayerischen See in den Voralpen gab. Vier Tage intensives Training lagen hinter unserer Gruppe, alle freuten sich auf den Abschlusstauchgang. Er sollte die drei Schüler und mich auf 75 Meter Tiefe führen, die ausführliche Vorbesprechung fand nach dem Frühstück statt. Alles verlief ganz normal. Los ging's: Ich schwamm vor der Dreiergruppe einen schlammigen, mit großen Felsen durchsetzten Abhang hinab, ansonsten war nicht viel zu sehen. Auf ca. 65 Meter kam eine kleine Stufe in Sicht, an der ich stoppte, um meine Schüler noch einmal zu kontrollieren. Ich hatte mich gerade vergewissert, dass alles in Ordnung war, drehte mich um und erblickte hinter der Stufe eine Tauchmaske im Schlamm. Und als ich genauer hinsah, bemerkte ich, dass diese Maske noch auf dem Gesicht ihres toten Besitzers saß. Der Körper der Leiche war fast vollständig von Schlamm bedeckt. Egal wie viele Leichen man im Leben gesehen hat, wie groß die Routine durch Bergungseinsätze ist: Wenn man unvorbereitet auf einen toten Menschen triff, zuckt man unwillkürlich zurück. Doch ich selbst war gar nicht das Problem: Wie würden meine Schüler reagieren, wenn sie plötzlich diesen leblosen Körper hier in der Tiefe entdecken würden? Ihre Lampen kreisten schon in der Nähe. Was passierte, wenn nur einer in Panik geriet?

Ich musste handeln: Ich drehte mich um, blendete meine Schüler mit meiner Lampe und lotste sie in eine andere Richtung. Sie waren zwar etwas irritiert und zögerten ein wenig, folgten mir aber schließlich ruhig und konzentriert auf einer anderen Route auf die Zieltiefe. Der Tauchgang verlief ohne weitere Zwischenfälle und nach zwei Stunden erreichten wir wieder die Oberfläche. So weit, so gut: Doch als ich die Behörden verständigte, baten die mich prompt, die Bergung des Leichnams zu übernehmen. Ich fuhr also nach Abschluss des Kurses zurück nach München, mischte über Nacht erneut Gase in den Flaschen zusammen und war am nächsten Morgen wieder zurück, noch bevor die Sonne aufging, um meinen Auftrag auszuführen.

Da die idyllischen bayerischen Gemeinden vor Ort, die vom Alpenpanorama, den klaren Seen und anderen Vorzügen ihrer weißblauen heilen Welt leben, keinen Wert auf hässliche Schlagzeilen dieser Art legen, sollte ich die Leiche bergen, wenn die Bier- und Schnitzel-gemästeten Touristen noch friedlich in ihren Daunenkissen schlummerten. Nur die Polizei war vor Ort, ein Leichenbeschauer und ein Staatsanwalt. Ich machte, dass ich im Wasser verschwand, und eineinhalb Stunden später kam ich mit dem verunglückten Taucher in einem Leichensack zurück an die Oberfläche. Ein 23-jähriger Bursche, der seit sieben Jahren vermisst wurde, nachdem er auf Solotauchgang gegangen war. Ein weiterer, trauriger Fall für die Statistik – über die aber niemand so gerne spricht.

36. AUFGELÖST

Trotz oder vielleicht auch gerade wegen meiner kompromisslosen Art neuen Entwicklungen und neuem Tauchmaterial gegenüber werde ich immer wieder von Herstellern gebeten, Ausrüstung zu testen und zu bewerten. Motto: Wenn der Schlöffel es nicht kleinkriegt, hält es alles aus. Freundschaftsdienste und billige PR gab's und gibt's bei dem Thema bei mir nicht – dafür ist mir die Sicherheit beim Tauchen einfach zu wichtig. Und ich denke tatsächlich, ich habe etlichen Mitstreitern unter Wasser durch meine Testeinsätze einige unangenehme bis haarsträubende Erlebnisse erspart.

Mitte der 1990er-Jahre wandte sich ein neuer Tauchausrüster an mich, der mit aller Macht auf den Markt drängte und mit Hochdruck versuchte, sich in der umkämpften Szene der wenigen, qualitativ hochwertigen Hersteller zu etablieren – wer einmal seine Marke gefunden hatte, blieb meist dabei und war nur schwer davon zu überzeugen, auch mal etwas anderes auszuprobieren. Ich mochte die Leute der Firma, mir gefiel ihr Konzept, und ich fand, dass die eingerostete Branche durchaus etwas neuen Wind vertragen konnte. Also war ich gerne bereit, die Produkte regelmäßig auf Tauchgänge und Expeditionen mitzunehmen und einem Praxistest zu unterziehen.

Bevor ich zu einer Reihe tieferer Tauchgänge an den Gardasee aufbrach, bekam ich ein Paket mit dem Prototyp eines neuen Trockenanzugs, um dessen zu isolierende Wirkung und Tragekomfort zu prüfen. Kein Problem!

Der Anzug machte einen soliden Eindruck und sah gut aus. Da die Firma meine Maße hatte, passte er auch perfekt. Wir kamen spät nachts am See an und schliefen – es war Hochsommer – auf unseren Isomatten gleich neben den Autos auf dem weiten Kiesparkplatz in Campione del Garda, einem Mekka für Outdoor-Begeisterte und Taucher. Heute ist der Platz zubetoniert und zu einem edlen Yachthafen umgebaut. Manchmal ist Fortschritt eben nur im Sinne der Menschen, die ihn sich leisten können.

Hotels oder Pensionen gab es damals jedenfalls nicht – nur den Parkplatz, auf dem im Sommer Wohnmobile und Busse mit Zeltdächern standen, bevölkert von coolen Action-Sportlern dieser wilden Zeit. Alles wurde ausprobiert, es gab keine Grenzen und weniger Regeln als heute – nicht mal die Mountainbiker trugen Helme, wenn sie durch die italienischen Schützengräben des Ersten Weltkriegs die Berge runterbretterten.

Direkt hinter dem Parkplatz erhob sich eine senkrechte, etwa 280 Meter hohe, mächtige Felswand, an der sich Kletterer und Base Jumper austobten – noch so ein irrer Sport nur für den Adrenalinkick. Für uns war die Wand auch interessant, aber in der anderen Richtung: Im See fiel sie nochmal 180 Meter steil in die Tiefe ab – ideal, um neues Material wie besagten Trockentauchanzug zu testen!

Mein Partner und ich legten unsere Ausrüstung an, dann tauchten wir zügig an der Wand entlang ab, bis wir auf 75

Meter einen Absatz erreichten und von der Wand weg in den See schwammen. Schon nach ein paar Minuten hatte ich das Gefühl, am ganzen Körper nass zu sein – hatte ich ein Leck im Anzug? Ärgerlich, aber nicht weiter tragisch. Doch von Minute zu Minute wurde es nasser, ich hatte das Gefühl, langsam voll zu laufen – und gab meinem Partner ein Zeichen, dass etwas nicht stimmte und wir besser abbrechen sollten. Ich war klitschnass – und bemerkte plötzlich, dass um mich herum Fetzen meines Anzugs trieben. Auch mein Partner machte große Augen, und ich war froh, dass er sich nicht auf der Stelle totlachte: Da trieb ich in dieser Tiefe in Unterziehwäsche und den Resten meines tollen, nicht mehr so gut aussehenden neuen Anzugs, der sich immer weiter auflöste und in Teilen um uns herumschwamm. Nur meine Neoprenhaube saß noch fest auf dem Kopf und die Stiefel an den Beinen. Korrekt montiert auf einem Flicken sah ich sogar mein Lufteinlassventil vor mir hertreiben …

Ich muss ausgesehen haben wie ein Vollidiot, der gerade die Lumpentonne geplündert hat. Aber so lustig die Sache aussah, so ernst wurde sie: Das Wasser in dieser Tiefe hatte vier Grad Celsius, und mein schlotternder Körper gab deutliche Signale, dass ich hier unten nicht mehr lange überleben würde. Das Problem: Wir hatten zu diesem Zeitpunkt bereits 45 Minuten Deko-Zeit auf dem Rückweg zu absolvieren, was ohne Kälteschutz aber fast unmöglich war. Extrem fröstelnd ließ ich also die tiefen Stopps über mich ergehen, wir erreichten schließlich die 21 Meter. Ohne Partner wäre die Sache jetzt schon zu Ende gewesen, er half mir den

Automaten zu greifen und im Mund zu behalten. Ich dämmerte langsam weg, zitterte unkontrolliert und spürte mit meinen schwindenden Sinnen, wie ich ohnmächtig wurde. Langsam zog mein Partner mich nach oben – echte Stopps konnte ich keine mehr machen. Auf neun Meter wechselte ich mithilfe meines Partners auf reinen Sauerstoff – eigentlich zu früh, aber wir hofften, so etwas Zeit zu sparen und meinen Körper nicht kollabieren zu lassen. Nicht dass ich das noch gespürt hätte, alles war schon vollkommen taub.

Irgendwie schafften wir es an die Oberfläche, wo mich Helfer aus dem Wasser zogen und in eine Thermodecke packten. Meine Körpertemperatur war auf 30 Grad abgesunken und ich hatte 30 Minuten Dekozeit geschwänzt, was einem nicht mal der trainierteste Körper verzeiht.

Während ich langsam auftaute und mir heißer Tee eingeflößt wurde und ich dabei fleißig Sauerstoff aus einer Flasche einatmete, wartete ich auf das Einsetzen der ersten Symptome der Dekompressionskrankheit. Doch nichts passierte. Ich habe keine Erklärung dafür, ich denke es war einfach ungeheures Glück. Ich erholte mich schnell und litt auch nicht unter Folgeschäden des eisigen Einsatzes – was meine Wut aber nur bedingt besänftigen konnte.

Auf dem Rückweg vom Gardasee machten wir also noch einen kleinen Hausbesuch beim Hersteller. Und konnten das Fetzenrätsel schnell lösen: Ein Mitarbeiter hatte den Anzug zwar sorgfältig Stück für Stück zusammengeklebt – aber leider nicht darauf geachtet, wasserfesten Kleber zu benutzen. Clevere Idee bei einem Taucheranzug …

Leider blieb es für den neuen Hersteller nicht bei dieser einen Panne. Nach ein paar weiteren schweren Fehlern war die Firma schnell wieder in der Versenkung verschwunden. Mein Mitleid hielt sich stark in Grenzen, auch nette Menschen können eben vollkommen unfähig sein und einen in Lebensgefahr bringen.

37. FLASCHEN WEG

Am gleichen Tauchplatz am Gardasee lernte ich die Lektion, mich wirklich niemals zu hundert Prozent auf andere Menschen zu verlassen. Vor allem nicht, wenn es wirklich darauf ankommt, wenn es um Leben und Tod geht.

Leider hat sich allzu oft herausgestellt, dass es blauäugig ist, auf Zusammenhalt, Fairness und Rücksichtnahme zu vertrauen – was gerade unter Sportlern, die den gleichen Träumen hinterherjagen, eigentlich doch selbstverständlich sein müsste, denkt man. Aber Vorsicht Leute: Ist es natürlich nicht! Menschen können richtige Arschlöcher sein, denen es scheißegal ist, ob du da unten wieder rauskommst oder jämmerlich ersäufst.

Wir hatten an dieser Steilwand am geliebten Lago schon viele Erfahrungen bei tiefen Tauchgängen gesammelt, noch weit vor der Zeit, als Helium auch für Privatpersonen verfügbar wurde. Immer wieder war unser Ausgangspunkt ein alter, ehemals weißer Ford Taunus in etwa 70 Metern Tiefe. Ich erinnere mich immer noch gerne an das Ding, weil ein Kumpel, mit dem ich die Stelle in den frühen 90ern nur mit normaler Luft in den Flaschen erkundet hatte und wir dabei wohl deutlich zu tief vorgedrungen waren, mir damals auf die Frage nach dem Ford antwortete: „Was bitte macht die Einbauküche da unten?“ Klarer Fall von Sauerstoffnarkose. Küche statt Auto – komische Verwechslung in seinem Kopf.

An diesem Autowrack des alten Taunus hatte ich an dem schräg abfallenden Hang in der Tiefe etwas gesehen, das ich nicht genau identifizieren konnte. Die Sicht war zu schlecht, das Ding etwas zu weit weg, ich sicherlich auch nicht ganz Herr meiner Sinne – ein Wrack? Noch eine Einbauküche? Keine Ahnung. Aber das finden wir raus!

Diesmal plante ich also mit einem Freund eine kleine Expedition in die Tiefe: Auf maximal 120 Meter wollten wir gehen und rüsteten uns entsprechend aus, die Gasplanung war ziemlich aufwendig. Heute würde man das komplett anders und viel, viel sicherer durchziehen – aber damals entschlossen wir uns, auf dem Weg nach unten lediglich ein Reservedepot an Flaschen anzulegen, das uns auf dem Rückweg nach oben absichern sollte.

Beim Abstieg, immer den steil abfallenden Hang hinab, einer Wand zu unserer Linken folgend, legten wir also auf 21 Metern einen Stopp ein und platzierten dort zwei Tauchflaschen mit Reglern, die Gas für den Dekompressions-Stopp enthielten. Im Notfall würden sie uns helfen, sicher an die Oberfläche zu gelangen. Wenn nicht, würden wir sie einfach wieder einsammeln. Ganz einfach.

Wir banden an beide Flaschen je eine Plastiktafel, die wir vorbereitet hatten: Auf Deutsch, Englisch und Italienisch hatten wir deutlich lesbar notiert, dass es sich hier um Notfallgas für Taucher im Einsatz dort unten handelt, und dass man die Flaschen auf keinen Fall anfassen oder ihre Position verändern solle. Dann begannen wir unseren eigentlichen

Tauchgang, wir kamen schließlich an dem Autowrack vorbei und arbeiteten uns zügig tiefer an dem Hang vor. Auf knapp 100 Metern hatten wir unser Ziel in der Tiefe erreicht: Vor uns lag ein Wohnwagen, den offenbar ein Sturm vom Campingplatz in den Gardasee geweht hatte – oder war er einfach aus der Kurve geflogen, vielleicht sogar mit Absicht hineinbugsiert worden? Etwas tiefer lag noch weiterer Schrott, der sich aber nicht zuordnen ließ. Wir lugten also in den Wohnwagen, fanden aber nichts Spektakuläres – Pech gehabt, trotzdem ein ulkiger Fund.

Auf dem Rückweg begannen wir nach etwas über einer Stunde mit unserer Dekompression auf 30 Metern. Unser Gasvorrat war vollkommen ausreichend und komfortabel, wir verständigten uns per Handzeichen, dass wir unsere Depotflaschen nicht brauchten und sie einfach wieder mitnehmen würden – das Gas konnten wir beim nächsten Tauchgang noch genauso gut wegschnaufen.

Doch als wir die Stelle auf 21 Metern erreichten konnten wir es zunächst nicht fassen, sie ahnen es: Etwas abseits der Wand lagen die beiden Kunststofftafeln. Die Kabelbinder, mit denen wir sie befestigt hatten, waren durchtrennt, die Flaschen weg – GESTOHLEN!

Nein, wir gerieten diesmal nicht in Gefahr. Doch der Diebstahl machte uns fassungslos, wir bekamen es einfach nicht in unsere Schädel: Da war es jemandem vollkommen egal gewesen, dass er hier die Lebensversicherung für zwei Menschen entfernte und an sich riss. Um zwei nicht mal besonders wertvolle Flaschen mit Reglern in seinen Besitz zu bringen, stahl er diese nicht nur, er lieferte uns größter Gefahr aus. Wie gedankenlos, wie kaltschnäuzig, wie hirnverbrannt kann man sein? Kopfschüttelnd und fluchend setzten wir unseren Weg nach oben fort und erreichten sicher die Oberfläche.

Wir legten unsere Ausrüstung am Strand ab und gingen zu den Autos, um uns umzuziehen. Und was sah ich da? Einen Typen, der unsere Flaschen gerade in aller Ruhe in seinem Kofferraum verstaute. Ohne Details preiszugeben – das Vorzeigearschloch hat wahrscheinlich noch lange an uns gedacht.

38. RAKETE

Dass man manchmal auf Dinge achten muss, die erst auf den zweiten Blick logisch erscheinen, zeigte mir ein Zwischenfall an der Grenze zwischen dem Oman und der Enklave Dibba. Ich war mit einem Freund auf Wracksuche in dieser spannenden Region im Mittleren Osten gewesen, und wir befanden uns auf dem Rückweg nach Abu Dhabi. Da das Side Scan Sonar, das wir verwendet hatten, noch nicht gereinigt war, hatten wir das Gerät nicht in seinem Koffer verstaut, sondern es einfach auf den Rücksitz gelegt. Kleines Problem, dass uns aber einfach nicht auffiel: Der Towfish, der das Signal sendet und an einem langen Kabel hinter dem Boot hergezogen wird, sieht dummerweise aus wie eine Boden-Luft-Rakete, etwa eineinhalb Meter lang und zehn Zentimeter im Durchmesser mit einer Metallspitze und vier Stabilisierungsflügeln hinten.

Der Grenzposten an der Enklave ist ein Militärkontrollpunkt, der aus einer Schranke, zwei Wachhäuschen und einem Geländefahrzeug mit Maschinengewehr besteht. Wir zeigten lässig unsere Pässe vor und der Kontrolleur warf erst einen Blick hinein, bevor er das Ding auf unserem Rücksitz sah – und die Augen aufriss. Er rief etwas und im nächsten Augenblick wurde das MG am Grenzposten durchgeladen und auf uns gerichtet. Zwei weitere Soldaten kamen aus dem Wachhäuschen gesprungen und richteten ihre Maschinenpistolen ebenfalls auf uns. Verdutzt nahmen wir die Hände hoch. Dann wurden wir aus dem Auto gezerrt, und es dauerte drei elend lange Stunden, bis wir glaubhaft gemacht hatten, dass es sich dabei nicht um eine Waffe handelte.

Und noch länger dauerte es, bis wir begriffen, wie knapp die Situation für uns gewesen war – Militär und Grenzposten in dieser Region verstehen keinen Spaß, wenn sie eine Rakete in einem klapprigen Auto entdecken, davon kann man ausgehen.

39. JAMES BOND

In Israel nahm mich eines Abends einer meiner Schüler zur Seite, der durch ein Industrie-Imperium unfassbar reich geworden war. Er und seine Familie waren immer wieder das Ziel hässlicher Drohungen, erzählte er mir. Nur in seinem Hochsicherheitshaus fühlte er sich noch gut geschützt, traute sich aber ansonsten nicht mehr großartig in Gesellschaft. Doch jetzt hatte er sich eine Yacht zugelegt und ein kleines Vermögen für diverse Sicherheitssysteme und Personal ausgegeben, war sich aber unsicher, ob das alles ausreichend Schutz bieten würde. Er hatte gehört, dass ich in Israel auch schon Militärtaucher ausgebildet hatte, und fragte mich ganz direkt, ob ich bereit wäre, seine Sicherheitsvorkehrungen einem kritischen Test zu unterziehen. Er wollte wirklich, dass ich ohne Vorwarnung versuchen sollte, das Boot zu entern und seine Vorkehrungen zu umgehen!

Ein Job nicht ganz ohne Risiko, sein Sicherheitspersonal war schließlich keine Schauspieltruppe, sondern schwer bewaffnet und immer auf der Hut. Doch die Herausforderung als James Bond reizte mich einfach – ich schlug ein.

Ich quartierte mich in einem kleinen Hotel am Hafen ein und beobachtete zunächst die etwas außerhalb ankernde Yacht von Land aus. Ich konnte sie von meinem Balkon aus mit bloßem Auge sehen, lieh mir aber noch ein Teleskop-Fernrohr für meine Observation. Schließlich mietete ich mir ein kleines Boot und tarnte mich als Angler, der immer wieder rein zufällig das Schiff passierte. Nach wenigen Tagen hatte ich einen ganz guten Überblick, kannte den Tagesablauf an Bord und konnte einen Plan austüfteln. Dann war es soweit: Als die Sonne im Meer versunken war, stach ich in See, ankerte in der Nähe des Schiffes, nutzte dabei ein weiteres Boot als Sichtschutz. Ich schraubte meine Ausrüstung zusammen, wartete noch eine Weile, bis es wirklich stockfinster war und ging mit einem Sauerstoffkreislaufgerät lautlos über Bord. Mit dem Kompass nahm ich Kurs auf mein Ziel. Ohne hier eine Anleitung für solche Aktionen geben zu wollen – ich trickste das Sonarsystem des Bootes aus und konnte unbemerkt an Bord klettern. Die Wachen gingen regelmäßige Runden und saßen dazwischen am Oberdeck, wo sie lachend und rauchend Karten spielten – so viel zum Thema Vollprofis. Da ich das Treiben drei Tage lang beobachtet hatte, konnte ich die Lücken zwischen den Rundgängen nutzen, um ziemlich entspannt in das Innere des Schiffes einzudringen. Ein paar Kameras waren leicht zu entdecken und zu vermeiden. Abgesehen davon hätten sie nur etwas gebracht, wenn auch jemand die Monitore im Auge behalten hätte – ob ich im Nachhinein in Aktion zu bewundern war, konnte mir ja völlig schnuppe sein. Vorsichtig schlich ich mich zu den Kabinen – und klemmte meine Visitenkarte an der Tür fest. Zehn Minuten später glitt ich wieder über Bord, nahm meinen am Grund deponierten Rebreather auf und schwamm zu meinem Boot zurück. Mission erfüllt, im Dienste ihrer Majestät!

Am nächsten Tag erschien ich bester Laune zur Nachbesprechung mit meinem Kunden. Die Gesichter der Security-Leute verrieten mir sofort, dass es am Morgen wohl ein sehr unerfreuliches Gespräch gegeben hatte. Die Sache machte ziemlich schnell die Runde, und für ein paar Jahre entwickelte sich daraus ein ausgesprochen lukratives Geschäft für mich, das auch noch großen Spaß machte. Dabei lernte ich unter anderem, dass man den gut bewachten Sohn eines Ölscheichs trotz zahlreicher Bodyguards und aufwendiger Sicherheitsvorkehrungen überrumpeln kann, wenn man zwei hübsche Mädchen im Bikini auf einem Motorboot um seine Yacht kreisen lässt, bis der Sohnemann sie zur Party an Bord bittet – doch das ist eine andere Geschichte.

40. SCHÄTZE DER TIEFE

Meine wahre Leidenschaft, meine größte Motivation, immer wieder zu tauchen, sind bis heute Wracks, egal in welcher Tiefe sie liegen. Es spielt keine Rolle, ob Schiff, Flugzeug oder Zug (ja, auch das gibt es). Ich habe unzählige Wracks betaucht. Tagelange Autofahrten, wochenlange Vorbereitungen und Reisen bis in die entlegensten Winkel habe ich auf mich genommen, um die rostigen Zeugen einer längst vergangenen Zeit zu besuchen und zu erforschen. Oft genug gepaart mit den Gefahren großer Tiefen, komplexen Gasgemischen und langer Deko-Stopps in furchtbarer Kälte, die mir zunehmend zu schaffen macht, je älter ich werde.

Der Grund für diese Leidenschaft? Es ist der Blick in eine andere Welt. Ein Wrack ist eine Zeitkapsel. Die Uhr am Treppenaufgang der *Titanic*, die Millionen Menschen aus dem Hollywood-Blockbuster kennen, blieb wirklich im Moment des Untergangs stehen. Als die Fluten über dem Passagierdampfer zusammenschlugen und 1 500 Menschen in den Tod rissen, begann ihr zweites Leben als langsam verfallendes Relikt auf dem Meeresboden. Die Uhr zeigt das Geburtsdatum dieser Kapsel an, den Moment, in dem die Zeit sprichwörtlich stehen geblieben ist. Sie mahnt uns, dass auch unsere Stunde irgendwann schlägt.

Es sind oft die kleinen, unscheinbaren Entdeckungen, die bei der Reise in vergangene Zeiten unschätzbar wertvoll sind, die aber vielen Tauchern bei ihren Expeditionen in das verfallende Innere der verwundeten und zerstörten Schiffe dort unten entgehen und verborgen bleiben, weil diese erhebliche Anstrengungen und aufreibende Vorbereitungen erfordern.

Ich kann mich deutlich an eine Kabine im Wrack des deutschen Frachters *SS Direktor Reppenhagen* vor der schwedischen Insel Öland erinnern. In ihr stand ein Tisch mit einem Kerzenständer. Daneben eine Tasse, ein Buchdeckel, der bereits vermodert war. Reste einer Jacke über einem Stuhl. Das Auge, der Kopf fangen dort unten unweigerlich an, nach dem Bewohner dieser Kabine zu suchen. Was hat er da gerade gelesen, als das englische U-Boot *E19* am 11. Oktober 1915 das Schiff versenkte? Nach welchem Gegenstand griff er als Letztes, um ihn mitzunehmen? Welche Gedanken schossen ihm durch den Kopf? Hat er es geschafft? Starb er irgendwo an Bord, wurde das Wrack sein Grab?

Man dringt ein in einen intimen Moment, in dem das Leben eines Menschen endete. Man hält unweigerlich den Atem an, während die Blicke den Raum durchwandern. Man fühlt sich in eine andere Welt versetzt, während man im trüben Wasser, tief unter der Oberfläche, in den dunklen Katakomben solch eines Grabes schwebt und der Lichtkegel der Tauchlampe durch die Zeiten wandert, um immer wieder ein kleines Stück einzigartiger Geschichte zu erhellen …

Meine Erinnerungen an diese Erlebnisse sind wie eine Sammlung wertvoller Gemälde in meinem Kopf. Etwas unbeschreiblich Starkes und gleichzeitig Zerbrechliches, das an die Oberfläche der Gedanken dringt, wenn man mit sich alleine an einem dieser heißen Tropenabende am Meer sitzt, die Vergangenheit Revue passieren lässt und sich seiner eigenen Vergänglichkeit bewusst wird in Anbetracht der Tragödien, deren später Zeuge man als flüchtiger Gast werden durfte.

Genau so erging es mir auch bei der Erkundung eines U-Boot-Wracks vor der libyschen Küste. Im stark beschädigten Turm war das Luk einen Spalt geöffnet, und darunter eingeklemmt waren die Skelettreste eines unglücklichen Seemanns, der noch versucht hatte, zu entkommen, nachdem sein Boot mit voller Wucht auf dem Grund aufgeschlagen war. Offenbar konnte er das schwere Luk nicht gegen den Wasserdruck aufstemmen und ging, die Rettung zum Greifen nah, elend zugrunde. Unwillkürlich verharrte ich regungslos, berührt vom Schicksal des Soldaten. Der wie für die Ewigkeit festgefrorene Anblick in der Weite des Meeres vor dem Hintergrund des rostigen Stahls des havarierten U-Boots packte mich emotional so stark, dass ich dem restlichen Wrack kaum mehr Beachtung schenkte. Das Bild des Matrosen steht mir bis heute vor Augen.

Bei den Wracks, in deren Geschichte man sich vor dem Tauchgang vertiefen kann, ist das Erlebnis fast noch intensiver. In meiner umfangreichen Bibliothek zu diesem Thema finden sich Bücher über so ziemlich jedes irgendwie erfasste Schiffsunglück, und Wracks wie die *Lusitania*, die *Andrea Doria* oder *Bianca C* betauchen sich wie ein Museum, dessen Website man vorher gründlich studiert hat. Man hat einen Fahrplan durch die Geschehnisse, schwimmt vom Schaden, der den Untergang verursachte, zur Brücke, an der der

Kapitän stand, als die Katastrophe ihren Lauf nahm, blickt in die Gänge, wo die Heizer panisch versuchten, dem Inferno zu entkommen, und verharrt an den immer noch stumm nach innen gerichteten, Davits genannten Vorrichtungen, von denen nie mehr ein Rettungsboot ins Wasser abgelassen wurde.

Ich persönlich bin weniger vom schreienden, plakativen Desaster einer *Andrea Doria* beeindruckt; angetan haben es mir vielmehr die eher unbekannteren Tragödien unter Wasser: der Blick in die Werkstatträume eines gesunkenen US-Minenräumboots vor der Küste von Brunei, wo man auf einer Arbeitsplatte, in einen Schraubstock gespannt, eine Bratpfanne entdeckt. Während sich Ablagerungen durch die ausgeatmeten Luftbläschen lösen und die Sicht allmählich trüben, überlegt man automatisch, ob der Herr über diese Werkzeuge gerade dem Schiffskoch einen Gefallen tat und den Griff der Pfanne reparierte, als die Granate einschlug und sein Leben beendete …

Meine fünf Lieblingswracks

1. ***RMS Lusitania,* Irland**
   Zeugin einer der größten Schiffskatastrophen des Ersten Weltkriegs: 1198 Menschen verloren ihr Leben, als das britische Passagierschiff mit seiner imposanten Länge von 240 Metern am 7. Mai 1915 von einem deutschen U-Boot torpediert und versenkt wurde. Es liegt wie eine geknackte Nuss in rund 90 Metern Tiefe, nur 18 Kilometer vor der Südküste Irlands.

2. ***SS Direktor Reppenhagen,* Schweden**
   Ein deutscher Frachter, der im ersten Weltkrieg 1915 von dem englischen U-Boot *E19* versenkt wurde und in beeindruckend gutem Zustand in etwa 40 Meter Tiefe vor der schwedischen Insel Öland liegt.

3. ***HMHS Britannic,* Griechenland**
   Das wunderschöne Schwesterschiff der *Titanic,* 270 Meter lang, liegt auf der Seite in über 100 Metern Tiefe vor der griechischen Insel Kea, wo das britische Lazarettschiff am 21. November 1916 auf eine deutsche Seemine fuhr und sank, 30 der 1000 Passagiere verloren ihr Leben.

4. ***SS Albanien,* Kroatien**
   Auch der Frachtdampfer im Dienste der k.u.k.-Monarchie wurde ein Opfer des Ersten Weltkriegs, als er am 4. Juni 1916 von einem italienischen U-Boot

versenkt wurde. Das 66 Meter lange Schiff liegt aufrecht im Sand, als fast perfekt erhaltene Zeitkapsel in etwa 70 Metern Tiefe vor der kroatischen Insel Pag.

5. ***SS Burdigala*, Griechenland**
   Die imposante ehemalige *Kaiser Friedrich* liegt, 183 Meter lang und knapp 20 Meter breit, wie ein betauchbares Museum in 75 Meter Tiefe vor der Kykladen-Insel Kea in der griechischen Ägäis. Hier war der Schnelldampfer, den die französische Armee als Truppentransporter einsetzte, 1916 auf eine Mine gelaufen und gesunken, die Besatzung konnte gerettet werden. Erst 2007 wurde das Wrack entdeckt.

GEFAHRENHINWEIS

Noch eine kleine Warnung möchte ich hinterherschieben, bevor Sie jetzt die Tauchsachen packen, „versunkene Wracks“ googeln und sich auf die Reise machen. Ich mach’s kurz:

Das Tauchen an Wracks gefährdet Ihr Leben.

Nicht nur die großen Tiefen, in denen viele der interessanten Schiffe liegen, machen die Sache für Taucher jeder Könnensstufe (Anfänger sollten sich von Wracks sowieso fernhalten) zu einer Herausforderung. So schön und scheinbar makellos diese Giganten am Meeresgrund liegen, so undurchschaubar sind auch ihre Geheimnisse und Gefahren. Ob es der Schwarm Barrakudas ist, der friedlich unter einer malayischen Dschunke steht und jedem noch so erfahrenen Taucher erstmal einen gehörigen Schreck einjagt, wenn er plötzlich in Hunderte Mäuler mit spitzen Zähnen blickt, oder ob es die verwinkelten Gänge oder Maschinenräume größerer Kriegsschiffe oder Fähren sind: Sich in ein Wrack zu begeben, erfordert nicht nur Tauchkenntnis, sondern auch eine stabile Psyche. Die Kommunikation mit den Mittauchern ist erschwert, oft verliert man sich aus den Augen, oder die Sicht wird schlagartig schlecht, wenn ein unachtsamer Flossenschlag die ganze Gruppe einnebelt. Und wer fühlt sich schon gerne allein gelassen in einer engen Schiffskombüse, in der einem leider der Ausgang mal kurz aus den Augen gerät? Klaustrophobie ist – genauso natürlich wie beim noch anspruchsvolleren Höhlentauchen – nicht zu unterschätzen und schlummert wohl im Kopf jedes Menschen. Es ist ein Unterschied, die Warnsignale im Kopf zu bemerken und sie kontrollieren zu können, oder sich einer Panikattacke ausgeliefert zu sehen, unerwartet ausgelöst durch Enge, Dunkelheit und das Gefühl, für immer in einem Raum gefangen zu sein.

Nicht zu unterschätzen sind auch die technischen Fähigkeiten, die beim Wracktauchen gefordert sind. Das geht mit einfachen Bewegungsabläufen los, die verhindern, dass man mit Kopf, Körper oder Flossen ständig gegen Hindernisse wie Stahlträger, Türen oder Haken an der Wand kachelt. Das Tarieren, im freien Wasser viel einfacher und entspannter auszuführen, ist in einem Wrack Voraussetzung für einen ruhigen, konzentrierten Tauchgang. Die Bewegungen müssen noch kontrollierter sein, als wenn man frei über einem Riff oder Sandboden schwebt. Und nicht zuletzt muss man immer im Auge behalten, wo mögliche Gefahren lauern und wo zum Teufel nochmal der Weg aus dem Wrack zu finden ist, sollte irgendetwas schiefgehen.

Vielleicht sollten Sie auch noch mal kurz zurückblättern zu den Überlebensregeln, bevor Sie dann doch die Tauchtasche packen und sich ein Flugticket besorgen …

41. U-BOOT IM SEE

Der Zweite Weltkrieg, mit dem Nazi-Deutschland mit seiner unsäglichen Herrenrassen-Ideologie und seinem Größenwahn unsere Welt an den Abgrund geführt hat, sorgt bis heute für spektakuläre Funde und neue Entdeckungen.

Doch nicht nur Tausende Wracks und andere Reste der gewaltigen Kriegsmaschinerie liegen in den Ozeanen der Welt auf dem Grund – manche wundersamen Dinge findet man direkt vor der Haustür, wenn man nur einen Blick dafür hat. In einem Stück des Schriftstellers Oskar Maria Graf, der bis zu seiner Flucht vor Hitlers Schergen und dem anschließenden Exil in den USA in Starnberg lebte, blieb ich an einer Stelle hängen, bei der es um U-Boote im Starnberger See geht. Ich begann zu recherchieren, pilgerte in das kleine, stinkend reiche Städtchen südlich von München und wühlte mich durch Zeitungsarchive, nervte Beamte und Behörden, bis ich schließlich fündig wurde. In einem Zeitungsartikel entdeckte ich ein Bild, das Teile eines zerlegten 7C-U-Bootes im Starnberger Bahnhof auf Güterwagons zeigt. Ich begann tiefer zu graben – und stieß schließlich auf einen ehemaligen Chef der Starnberger Polizei, der in einem Altersheim in der Nähe seinen Lebensabend verbrachte. Ich suchte ihn auf und zeigte ihm, was ich gefunden hatte. Der alte Mann war geistig völlig fit, offenbar froh über den seltenen Besuch, und zwei Stunden später hatte ich die Informationen, die ich haben wollte. Eigentlich war alles ganz einfach: Während des Krieges wurden in Starnberg Tests an U-Boot-Druckkörpern durchgeführt und diese schließlich versenkt, als statt des fest eingeplanten Endsiegs die totale Niederlage und Kapitulation nicht mehr abzuwenden waren.

In den nächsten drei Jahren suchte ich immer wieder nach diesen U-Booten, und schließlich fand ich auch einen der Druckkörper in 97 Metern Tiefe im Sand, völlig intakt. Die Art und Weise, wie ich damals nach diesem sensationellen Fund tauchte, lässt mich heute in Ehrfurcht vor meinem Schutzengel erstarren.

Auch meine Erinnerungen an das Wrack sind, positiv ausgedrückt, verschwommen. Ich habe immer wieder darüber nachgedacht, ob ich das Nazi-U-Boot mit heutigen Mitteln noch mal suchen und ordentlich dokumentieren soll, historisch interessant wäre die Sache auf jeden Fall. Vielleicht ergibt sich ja noch einmal die Gelegenheit – oder vielleicht fühlt sich ja der ein oder andere Leser mit Taucherfahrung berufen, hier sein Glück zu versuchen.

42. EINBAUM

Auch vermeintlich kleine Funde können für Forscher und Historiker von großem Interesse sein – und so war es für mich keine Frage, ob ich den Einbaum melden sollte, den ich in einem bayerischen See gefunden hatte. Das gute Stück aus der Bronzezeit ruhte in nur acht Metern Tiefe und war größtenteils von Schlamm bedeckt.

Entdeckt hatte ich es per Zufall, als ich einem prachtvollen Hecht hinterhertauchte, um ihn zu fotografieren. Natürlich fesselte mich mein Fund stärker als der hübsche Raubfisch mit den Sägezähnen. Ich machte also Fotos, meldete den Fund brav den zuständigen Behörden und bot gleichzeitig an, auch die Bergung zu übernehmen. Ich schrieb und zeichnete mir voller Begeisterung die Finger wund, um zu erklären, wie ich das gesamte Wrack in ein Gitternetz einschließen und komplett mit dem ihn umgebenden Schlamm bergen wollte. So plante ich nämlich zu vermeiden, dass es beim Herauslösen beschädigt würde, und wollte zum anderen sicherstellen, dass keine noch so kleinen Teile verloren gingen. An Land könnten die Archäologen dann ganz behutsam den Schlamm entfernen und das intakte Boot freilegen. Soweit meine spitzenmäßige Theorie.

Die Antwort war so deutsch wie sie nur sein konnte und zeichnet ein typisches Bild engstirniger Bürokratie. Ich bekam eine trockene Absage: Da mussten wohl richtige Experten ran und nicht so ein dahergelaufener Taucher.

Kurze Zeit später gruben die Superspezialisten ein paar Löcher um den Einbaum, schlangen zwei Seile drum, hängten ein paar Hebesäcke daran, hopphopp – und knack, schon war aus dem Einbaum ein Zweibaum geworden. Das zerstörte Stück kann heute in einem Museum bewundert werden, mit Spachtelmasse gekittet, wie jeder, der genau hinschaut, leicht bemerken wird – tolle Arbeit! Am Bergungsort waren so viele Kleinteile und Reste liegen geblieben, die von den Herren Profis vergessen wurden, dass noch genug für ein zweites Forscherteam übrig gewesen wäre.

Als ich ein paar Monate später tatsächlich einen weiteren Einbaum sichtete, schwamm ich einfach weiter und vergaß ihn ganz schnell wieder. Ich hatte meine Lektion gelernt, wann Eigeninitiative und Enthusiasmus gefragt waren und wann man sich seine Energie und seinen Forschungsdrang lieber sparen sollte.

43. RÜCKSCHLÄGE

Ich halte mich zwar für ziemlich hartnäckig und stur, musste mir bei Tauchexpeditionen aber nicht nur einmal ein Scheitern eingestehen und lernen, mit Rückschlägen umzugehen.

Besonders ein Projekt in den frühen 90ern geht mir nicht aus dem Kopf, bei dem es um das Wrack der *Ostmark* ging. Die ehemalige französische Kanalfähre *Cote d'Argent* wurde im zweiten Weltkrieg von den Deutschen beschlagnahmt und zum Minenleger umgebaut. Im April 1945 sank das Schiff in der Nähe der dänischen Insel Anholt, nachdem es von zwei britischen Flugzeugen angegriffen worden war. Zwei Bomben trafen ihr Ziel und führten zu Explosionen der geladenen Minen und anderer Munition. Das Schiff sank auf 41 Meter Tiefe, über 100 Seeleute fanden den Tod. Was mich besonders interessierte: Aus Büchern und Archiven wusste ich, dass es in dem Schiff einen Raum geben musste, in dem vier Helmtauchausrüstungen der Firma Dräger lagerten. Diesen Raum und das historische Material wollte ich unbedingt finden! Da ich in München wohnte und das Wrack im nördlichen Teil der Ostsee liegt, war es nicht ganz einfach, dort regelmäßig zu tauchen. Mit dem Auto durch ganz Deutschland und dann weiter durch Dänemark bis nach Grena zu fahren dauerte immer wieder ermüdende 15 Stunden, und danach musste ich auch noch mit dem Boot nach Anholt übersetzen. Stundenlang erkundete ich die Insel zu Fuß, wenn das Wetter zu schlecht oder die Wellen zu hoch waren, um rauszufahren. Genauso frustrierend: Etliche Male schafften wir mit dem Boot die zweieinhalb Meilen zum Wrack und setzten eine Boje, ich tauchte ab – nur um in 30 Metern Tiefe feststellen zu müssen, dass das Schiff in einer dichten Suppe aus Sedimenten lag und die Sicht gleich null war. Mit null meine ich, dass es mir nicht mal möglich war, meine Instrumente abzulesen – geschweige denn, an einem Wrack voller gefährlicher Kabel und scharfer Metallteile zu tauchen.

An den wenigen Tagen, an denen ich das Wrack in einigermaßen tauchbaren Bedingungen erreichte, machte mir der Umstand zu schaffen, dass das Schiff durch zwei Explosionen stark beschädigt worden war und bei seiner Havarie hefig gebrannt hatte. Alles war mit einer dicken Rußschicht überzogen, die dichte schwarze Wolken im Wasser bildete, sobald man sie berührte. Bereits die Blasen meiner Luft, die ich ausatmete, ließen die schwarzen Beläge an der Decke über mir auf mich herabrieseln. Ich kam nur schleppend voran.

Wie immer, wenn ich in einen Gang oder Raum eindringe, legte ich auch hier gewissenhaft eine Leine. Dabei hatte ich zu bedenken, dass ich mich daran ohne Sicht zurück ins Freie tasten musste. Das bedeutete die Leine so zu verlegen, dass ich mich nicht verheddern, verkeilen oder verletzen konnte. Sobald ich dann ein paar Meter vorgedrungen war, umgab mich eine wabernde Ruß-Wasser-Emulsion. Ich blieb immer wieder hängen und brauchte viel Geduld und Zeit, um mich aus dem Wirrwarr zu befreien, dabei konnte ich wegen der schlechten Sicht meinen Gasvorrat nicht überprüfen – eine ziemlich unangenehme, nicht gerade ungefährliche Situation.

Doch es gab auch Erfolgsmomente: Bei meinem siebten Tauchgang fand ich in einem Gang, der tiefer als der Meeresboden lag, eine Bleisandale, wie sie bei Helmtauchanzügen verwendet wurden. Meine Freude währte allerdings nicht lange: Zurück an Land fand ich heraus, dass die Sandale britischer Herkunft war und wohl eher von einem Bergungstaucher stammte, der sich das Wrack nach dem Krieg vorgenommen hatte.

Nach ein paar Jahren, ein paar tausend Kilometern auf der Autobahn, einem kleinen Vermögen, das ich für Benzin, Charter, Gase und Fahrradmiete auf Anholt ausgegeben hatte, brach ich die Sache schweren Herzens ab. Der von mir gesuchte Raum ist irgendwo da unten, diese Zeitkapsel liegt tief im ausgebrannten Rumpf der *Ostmark* – aber vermutlich wird sie niemand mehr zu Gesicht bekommen. Das Meer ist unbarmherzig und setzt dem härtesten Material zu. In ein paar Jahren werden Nieten platzen, Stahlplatten durchrosten und der Rumpf wird nach und nach zusammenbrechen, und mit ihm die Chancen, dem Rätsel des Schiffes auf die Spur zu kommen.

Rückschläge gehören dazu, und der Frust verflüchtigt sich mit der Zeit. Ich habe dort oben im fernen Norden großartige Menschen getroffen und schwierige Tauchgänge sicher gemeistert. Dabei Fehler gemacht, aus ihnen viel gelernt und insgesamt wertvolle Erfahrungen gesammelt. Abhaken, weitermachen.

44. GEISTERSCHIFFE

Manchmal findet man auf einer Expedition nicht das, was man sucht oder sich in seiner Fantasie ausgemalt hat. Wie bei einem Projekt, das ich mit Kollegen und Freunden unter dem Namen „Ghostwreck“ auf Elba in Angriff nahm.

Die Mittelmeerinsel gehört jedes Jahr zu meinen festen Zielen, um zu tauchen und einfach eine schöne Zeit zu verbringen. Die Menschen, das Licht, das Essen (also in meinem Fall Pasta mit Butter, eine Bestellung die jedem italienischen Kellner Fragezeichen in die Augen treibt), das Meer – schon vor langer Zeit habe ich angefangen, auf Elba vollkommen eigenständig zu tauchen und nach neuen Plätzen und Wracks zu suchen.

Im Zweiten Weltkrieg hielt die deutsche Wehrmacht die Insel besetzt, nachdem sich die italienischen Truppen im September 1943 ergeben hatten. 1944 befreite die französische Armee mit britischer Unterstützung die Insel unter dem Codenamen „Operation Brassard“. Bei dieser Landung verloren die Briten mindestens drei Landungsboote im Süden der Insel. Diese Wracks wollte ich suchen. Ich sprach im Laufe der Jahre immer wieder mit Einheimischen, hörte mich unter den Fischern um, studierte Karten und historische Bücher. Irgendwann begann ich, mit einem Sidescan Sonar den Meeresboden systematisch abzusuchen, Quadratkilometer für Quadratkilometer.

Ich fand alles Mögliche – nur keine britischen Landungsboote.

Doch wie so oft schien mir der Zufall zu Hilfe zu kommen, in diesem Fall liegt die Betonung auf „schien“: Irgendwann sprach mich ein Angler an, und ich erfuhr, dass sein Onkel, ein ehemaliger Korallentaucher, die Südküste der Insel wie kein Zweiter kenne. Ich wurde zum Kaffee eingeladen, und der 85-jährige Herr erzählte mir ausführlich von seinen früheren Tauchgängen. Mit einem Kreuz auf einer Seekarte bezeichnete er mir die ungefähre Position eines Wracks, das sein jüngerer Bruder dort angeblich vor ein paar Jahren gesehen hatte – leider war der Bruder später bei einem Autounfall ums Leben gekommen. Ich scherte mich nicht um die doch etwas lange Gerüchtekette aus Onkeln, Brüdern oder Schwippschwagern und begann, die markierte Stelle draußen auf See mit dem Sonar abzusuchen. Und tatsächlich: Ich bekam ein Echo in knapp 60 Metern Tiefe. Die Größe passte. Da ich keine Ausrüstung für einen Tauchgang dabeihatte, zog ich vom Boot aus eine Kamera an einem Seil ein paarmal über die Position. Auf den Videos war eigentlich nur trübes Wasser zu sehen – doch acht Sekunden reichten, um mich zu elektrisieren: ein Mast, um den dichte Fischschwärme standen! Moment: Ein Mast auf einem Landungsboot? Am liebsten wäre ich sofort ins Wasser gesprungen, doch es war Spätherbst, die Saison war vorbei, und das Wetter wurde immer schlechter – ich musste den Rückzug antreten, nutzte aber den Winter, um zu Hause eine Expedition für das kommende Frühjahr zu organisieren. Nichts konnte meine Begeisterung bremsen: Ich glaubte an die Schiffe.

Im Jahr darauf packten wir ein paar Autos voll und machten uns mit 12 Mann und meinem Boot auf den Weg nach Elba. Die Taucher waren allesamt Freunde und gut ausgebildete Taucher. Wir fanden das Wrack, markierten die Stelle mit einer Boje und legten eine Abstiegsleine, die uns direkt hinunter zu unserem Ziel führen sollte.

Nein, natürlich lag da unten keines der britischen Landungsboote, aber das war mir jetzt natürlich auch schon egal, vielleicht glaubte ich auch noch an mein Taucherglück. Wir waren im Grunde überzeugt, ein Segelschiff oder einen Fischkutter entdeckt zu haben. Auch ein solches Boot könnte ein lohnender Fund sein – echten Schatzsuchern sind schließlich schon die verrücktesten Dinge passiert! Im Laufe der Tauchgänge stellten wir fest, dass es sich um eine relativ moderne Yacht handelte. Wir sammelten weiter Daten, setzten uns nach jedem Tauchgang zusammen und trugen unsere Ergebnisse auf einer großen, maßstabsgetreuen Karte ein, die bald immer detaillierter wurde. Nach vielleicht 80 Tauchgängen hatten wir rund 70 Stunden Videomaterial und Hunderte Fotos – wir brachen ab, und ich machte mich zu Hause am Schreibtisch wieder an die Arbeit. Eine Jacke, die einer unserer Taucher im Inneren des Wracks gefunden hatte, brachte uns auf die Werft Technomarine. Unsere Vermessung des Wracks brachte uns auf das Modell: Wir hatten eine Technomarine Cobra 45 gefunden, die seit 1987 gebaut wurde.

Jetzt wussten wir zwar, was wir da unten gefunden hatten – aber wir hatten keine Ahnung, welche Geschichte sich dahinter verbarg. Die Recherche bei Versicherungen löste das Rätsel: Die Yacht hieß *Matam* und war am 17. Oktober 1989 vor der Südküste Elbas als gesunken gemeldet worden. Die letzte Positionsangabe des Besitzerpaares, das bei dem Unglück nach eigenen Angaben an Land geschwommen war, lag etwa 15 Meilen von der Wrackstelle entfernt. Das und die Tatsache, dass das Boot keine nennenswerten Beschädigungen aufwies, sprach für einen Versicherungsbetrug. Wir hatten also aus historischem Interesse einen kleinen Krimi gelöst.

Die Frage bleibt, was der Korallentaucher seinerzeit gesehen hat. Irgendwo in der Nähe des Kreuzes auf meiner Karte könnte durchaus noch ein älteres, bisher unentdecktes Wrack liegen. Vielleicht ja doch eines der Landungsboote? Ich mag nicht einfach aufhören, daran zu glauben.

45. LAMPE

Jahrelang tauchte ich vor der Küste Kroatiens nach Wracks, vor allem aus dem Ersten und Zweiten Weltkrieg. Ein Zerstörer hatte es mir besonders angetan, der in zwei Teile zerbrochen auf dem Grund lag. Das Wrack war, wie alles in der Gegend, von einheimischer Polizei und Tauchclubs komplett ausgeräumt – es gab keine besonderen Details mehr zu sehen, auf spektakuläre Funde musste man nicht hoffen. Ins Innere konnten man aufgrund der engen Bauform nicht vordringen, außerdem hatten im Laufe der Jahre Massen von Schlamm das gute Stück zum großen Teil unter sich begraben – es wäre also sowieso nichts mehr zu holen gewesen.

Doch manchmal hat man eben Glück: Eines Tages steckte ich den Kopf in eine enge Luke auf einem der Decks und sah, dass an der Decke eine Lampe befestigt war. Das Glas war intakt und sie schien auch sonst unbeschädigt. Der Grund, warum sie dort noch so unberührt hing, war offensichtlich: Auch hier hatte der Schlamm die Kajüte fast komplett ausgefüllt, nur ein guter halber Meter Wasser war unter der Decke geblieben. Der einzige Zugang war die Luke, durch die ich kopfüber geguckt hatte – und durch die ein Mensch nur ohne Ausrüstung passen würde. Wenn überhaupt.

Die schöne Bronzelampe ging mir nicht mehr aus dem Kopf, und ich fing an darüber nachzudenken, wie ich sie bergen könnte. Ohne Gerät durch die Luke klettern? Ich versuchte es bei meinem nächsten Tauchgang. Mein Doppelgerät, zwei Zwölf-Liter-Flaschen, legte ich vorsichtig auf dem Deck ab und versuchte durch die Öffnung zu gelangen, wobei ich meinen Lungenautomaten immer noch im Mund hatte. Es ging nicht. Mit meinem Trockenanzug war ich trotz Blei am Gurt nicht wirklich beweglich und blieb am Rand der Luke hängen. Auch meine Flossen störten bei meinen Verrenkungen. Zudem war der Schlauch des Automaten im Weg. Ich hätte zwar einen längeren Schlauch anbauen können – aber ob es damit geklappt hätte?

Ein paar Monate später versuchte ich es erneut. Diesmal hatte ich einen Nassanzug an, außerdem ein zusätzliches Harness und eine kleine Sieben-Liter-Flasche dabei. Mein großes Gerät legte ich wieder aufs Deck und zog die Flossen aus. Die kleine Flasche positionierte ich neben der Luke, hielt die Luft an und begann, meine Beine durch die Öffnung zu schieben. Nach kurzer Zeit saß ich in dem Raum, meinen Oberkörper aufrecht, mein Kopf ragte noch aus der Luke ins Freie. Ich nahm den Atemregler der kleinen Flasche und schob mich vorsichtig mit den Händen weiter in den Raum, bis ich ganz flach zwischen Decke und Schlammgrund lag. Die Flasche zog ich vorsichtig hinterher. Mein Tauchpartner hielt eine starke Lampe in den Raum, um mir bei der Orientierung zu helfen, da rings um die Luke die Sicht durch meinen Einstieg bereits fast null war. Ich drehte mich vorsichtig nach vorn und tastete mich voran.

Obwohl ich kaum Ausrüstung anhatte, blieb ich immer wieder hängen, der Schlauch des Reglers hakte sich immer wieder irgendwo ein. Da ich die Flasche aber vor mir herschob, verlor ich nicht die Kontrolle. Das Wasser um mich herum trübte sich durch den aufgewirbelten Schlamm und durch die von der Atemluft sich ablösenden Rostpartikel immer mehr ein. Aber endlich hatte ich mein Ziel erreicht. Ich rüttelte vorsichtig an der Lampe, aber das kostbare Stück ließ sich nicht lösen. Für diesen Fall hatte ich an meinem Gürtel ein Brecheisen und einen Hammer. Nach ein paar Schlägen und ein bisschen Hebelei löste sich der letzte Bolzen, und ich hielt meinen Schatz in Händen. Allerdings: Ich fühlte die Lampe mehr, als dass ich sie sah. Auch der Schein der Beleuchtung von außen durch die Luke war nicht mehr zu sehen – totale Finsternis. Die fluoreszierende Anzeige meines Tauchcomputers mahnte zur Umkehr. Ich versuchte, Hammer und Stemmeisen zurück in den Gürtel zu schieben, was nicht gelang. Die Zweite Hand wollte ich nicht nehmen – dazu hätte ich meine neue Lampe loslassen müssen. Ich ließ das Werkzeug fallen und drehte mich langsam wieder um. Immer noch kein Licht. Es ist schwer, in absoluter Finsternis abzuschätzen, wie weit man sich tatsächlich dreht, und so beschloss ich einfach loszuschwimmen, der Raum war schließlich nicht so groß und ich dachte mir, dass ich irgendwo eine Wand erreichen müsste, der ich dann nur folgen brauchte.

Als ich tatsächlich auf eine Wand stieß, tastete ich mich an ihr entlang, die Lampe an mich gedrückt und den Automaten fest zwischen die Zähne geklemmt, die Flasche Stück für Stück vor mir herschiebend. Nach einer gefühlten Ewigkeit wurde das Wasser etwas klarer und ich erkannte einen verschwommenen Lichtfleck rechts von mir. Wenig später war ich unter der Luke und reichte die Lampe nach draußen. Nachdem ich die Flasche durch die Luke geschoben hatte, drehte ich mich auf den Rücken und brachte mich in eine sitzende Position, aus der ich mich schließlich wie ein Kajakfahrer, der sich aus der Sitzluke drückt, wieder an Deck manövrierte. Aktion geglückt! Ein Blick auf das Instrument zeigte, dass die ganze Prozedur nur etwa zehn Minuten gedauert hatte – sie war mir aber wie eine Ewigkeit vorgekommen. Das Zeitgefühl hatte ich komplett verloren. Ich wechselte wieder zu meinem großen Gerät, und nach wenigen Minuten hingen wir am Aufstieg entlang der Leine. Meinen Schatz ließ ich nicht mehr los.

Die Lampe ist wirklich ein Schmuckstück und ziert, perfekt restauriert, bis heute meine Sammlung. Gleichzeitig ist sie jedoch eine mahnende Erinnerung für mich, keine so dummen und ehrlich gesagt leichtsinnigen Tauchgänge mehr zu unternehmen – egal aus welchem Grund: Etwa ein Jahr später schwamm ich mit einem Schüler um das Wrack und entdeckte die gleiche Lampe im Sand – keine 20 Meter vom Wrack entfernt.

46. VERLOREN

Das Gefühl von Einsamkeit, Ausgeliefertsein und totaler Hilflosigkeit kennt jeder Mensch von Kindesbeinen an, wenn die Mutter es das erste Mal nicht pünktlich zum Kindergarten oder zum Schwimmtraining geschafft hat und man mit seinen sieben Sachen als kleiner Knirps allein vor der Sporthalle steht. Als Taucher macht man mit diesem Gefühl auch als Erwachsener immer wieder Bekanntschaft und ganz spezielle Erfahrungen: Tiefe Höhlen, einsame Wracks … Meistens ist die Konzentration so sehr auf den speziellen Moment gerichtet, dass man sich weiter keine allzu große Sorgen macht. Manchmal ist das jedoch nicht so.

So erging es mir bei einem Wracktauchgang an der *Baron Gautsch,* einem Passagierschiff der k.u.k.-Monarchie, das etwa 13 Kilometer vor der Küste Kroatiens nahe des Städtchens Rovnji liegt. Ein Tauchboot fuhr mit einer Gruppe raus, ich hatte ohnehin keine Lust, in der Sonne zu braten, also schloss ich mich spontan an. Da ich niemandem kannte und lieber allein tauche als mit Fremden, ließ ich die Gruppe loslegen und ging mit meiner Ausrüstung solo über Bord.

Ich ließ mir Zeit, musste mich um niemanden kümmern und drang tief in den Schiffsrumpf ein, untersuchte die zahllosen interessanten Dinge, die einem oft entgehen, wenn man mit Schülern oder einer Gruppe unterwegs ist. Porzellan, das verstreut im Schlamm lag, mit dem Wappen des österreichisch-ungarischen Reiches. Verzierte Wasserhähne, verkorkte Champagnerflaschen im Laderaum des Bugs – die Zeit verflog. Als ich zur Aufstiegsleine zurückschwamm, waren 70 Minuten vergangen, und ich begann meinen Aufstieg. Außer mir war dort unten niemand mehr, was mich aber nicht wunderte: Die Gruppe aus Sporttauchern war mit je einer Flasche auf dem Rücken gestartet, während ich mein Doppelgerät benutzte und noch eine weitere Flasche für die Dekompression dabeihatte.

Nachdem ich diese ordentlich hinter mich gebracht hatte, kam ich schließlich an die Oberfläche. Ein herrlicher Blick, Wellen spielten in der Sonne, unendliche Weite, die dunstigen Berge in der Ferne. Doch irgendetwas fehlte: Ich drehte mich einmal um meine eigene Achse und bemerkte, dass ich wirklich ganz allein war. Das Boot war weg! Wie konnte man einen Taucher an Bord vergessen? Ich schüttelte den Kopf und überlegte angestrengt, kam aber zu dem Schluss, dass ich relativ wenig Optionen hatte. Ich konnte natürlich versuchen, die 13 Kilometer zurück zu paddeln und zu hoffen, dass mich unterwegs jemand auffischte. Die See war relativ ruhig, ich trug einen Trockentauchanzug, das Thema Auskühlung war bei 23 Grad Wassertemperatur also kein Problem. Genug Auftrieb hatte ich durch meine Ausrüstung auch. Aber es war 12 Uhr mittags und ich wusste, dass entweder im Laufe des Abends, spätestens aber am nächsten Morgen wieder ein Tauchboot kommen würde. Ich konnte die Sache also auch aussitzen. Ich beschloss also, meine Kraft zu sparen und einfach zu warten. Für meine Nerven wäre es allerdings besser gewesen, einfach loszuschwimmen …

Die Zeit verging quälend langsam, die Sonne brannte auf mich herunter. Ich streckte den Kopf immer wieder ins Wasser, um mich abzukühlen. Meine Kopfhaube musste ich aber auflassen, um mich vor der brennenden Sonne zu schützen. Mit einem Stück Leine von einer Seilrolle, die ich als Führungsleine im Wrack verwendet hatte, band ich mich an der am Wrack montierten Boje fest. So konnte ich nicht abtreiben und komplett verloren gehen.

Egal wie sehr man das Meer liebt und wie sicher man sich fühlt oder wie erfahren man ist: Irgendwann beginnt einem die eigene Fantasie Streiche zu spielen. So dachte ich unwillkürlich an den Hai, den ich wenige Tage zuvor an einem Wrack in der Nähe gesichtet hatte. Ich stierte in das tiefe Blau unter mir, wo sich ein Schwarm Fische an einem Algenbüschel zu schaffen machte. Immer häufiger blicke ich auf die Uhr, die geradezu stehenzubleiben schien. In der Ferne zogen verschiedene Schiffe vorbei, aber niemand sah mich winken, die Luft zum Rufen sparte ich mir. Wer auf seiner schicken Motoryacht durch die Adria kreuzt, hat sicher anderes im Sinn, als den Horizont nach verlorenen Tauchern im Wasser abzusuchen.

Das Taucherboot mit der fröhlichen Gruppe, die mich wirklich komplett vergessen hatte, war unterdessen nach Rovinj zurückgekehrt. Niemand scherte sich um meine Sachen, sie wurden einfach auf den Steg gelegt. Das Boot verließ die Basis und fuhr zurück in den Hafen. Zu meinem Glück gab es damals einen Menschen, der sich wunderte, wo ich abgeblieben war: meine damalige Frau. Nach ein paar Stunden – schließlich hatte sie gelernt, sich um mich nicht allzu schnell

Sorgen zu machen – begab sie sich schließlich auf die Suche. Als sie meine Kleidung auf dem Steg fand, aber weder mich noch meine Tauchsachen, begann sie zu ahnen, dass etwas nicht stimmte, und suchte den Besitzer der Tauchbasis. Bis sie diesen aus seiner Siesta geweckt hatte, er sich die Sache selbst angesehen, dann immer hektischer versucht hatte, den Kapitän zu erreichen und die anderen Taucher zu befragen, verging Zeit, Zeit und noch mehr Zeit. Als man zu dem Schluss kam, dass ich möglicherweise da draußen vergessen worden sein könnte, wurde die Küstenwache in Pula alarmiert und der Tauchschullehrer sprang schließlich noch selbst auf sein Boot, um mich zu suchen.

Ich war mittlerweile in eine gewisse Lethargie verfallen, trieb auf dem Rücken neben der Boje, summte vor mich hin, versuchte nicht an kalte Getränke zu denken, fragte mich, warum mich niemand vermisste, und versuchte, mich mental auf eine Nacht auf See einzurichten. Meine Zuversicht schrumpfte, mein Durst wurde größer und größer. Hatte ich die falsche Entscheidung getroffen? Würde ich austrocknen? Wie lange hielt ein Mensch in meiner Lage durch?

Es war schließlich acht Uhr abends, als ich zwei Boote aus unterschiedlichen Richtungen in voller Fahrt auf mich zukommen sah. Ich glaubte an eine Spiegelung, eine Fata Morgana auf meiner Wasserwüste. Doch sie waren es wirklich: Die Küstenwache und der Tauchschulbesitzer kamen gleichzeitig bei mir an. Anstatt eine Leiter auszuklappen, stritten sie erst einmal darüber, wer mich an Bord nehmen sollte – erst mein Gebrüll machte ihnen klar, dass es ja einen Grund für ihre späte Ausfahrt gab.

Der Kapitän des Bootes war für die restlichen Tage unseres Aufenthalts nicht mehr erreichbar. Und als ich die Rechnung für meine Tauchgänge bezahlte, fand ich den Ausflug der besonderen Art doppelt auf der Rechnung. Auf meine Nachfrage hieß es, es sei ja schließlich doppelter Sprit angefallen. Klingt irgendwie logisch in der Welt der Arschlöcher.

47. RETTUNG

Zum selbstlosen Lebensretter sollte man sich in extremen Tiefen und widrigen Verhältnissen eigentlich nicht auserkoren fühlen. Vergleichbar ist die Situation dort unten mit der Bergung eines verunglückten Bergsteigers in der Todeszone eines Achttausenders, die so viele festgefrorene Leichen pflastern, das niemand sie mehr aus ihrer eisigen letzten Ruhestätte zurückholen kann. Die Rettungsaktion wird für alle Beteiligten zu einem hochriskanten, lebensgefährlichen Glücksspiel mit vielen Unbekannten. So eben auch in der Tiefe, wo jeder auf seine Luftvorräte angewiesen ist, wo keine Energie verschwendet werden kann für Rettungsversuche, die dann für alle Taucher dort unten ein qualvolles Ende bedeuten könnten. Doch manchmal entscheidet man intuitiv, ohne zu zögern oder nachzudenken.

Ich tauchte mit einem Freund vor der kroatischen Insel Rab, um wieder einmal ein paar ziemlich tief liegende, ziemlich spektakuläre Wracks aus dem Zweiten Weltkrieg zu erforschen und zu filmen. Besonders interessierte uns die *Altenham* – das letzte Schiff, das in Hitlers Weltinferno sank, bevor dieser sinnlose Krieg endlich zu Ende war. Das Wrack liegt in gut 80 Metern Tiefe in zwei Teile zerbrochen auf dem Grund. Wir fuhren in einem Zodiac-Schlauchboot raus und waren auf diesen tiefen Tauchgang mit mehreren zusätzlichen Tanks für die langen Deko-Stopp-Phasen beim Aufstieg gut vorbereitet. Mit uns an Bord war eine Gruppe von drei Österreichern, die ebenfalls hinunter zum Wrack wollten. Ihre laute, prahlerische Art nervte schon auf der Hinfahrt, wir wollten uns aber nicht in unserer Konzentration stören lassen: Wir waren mit großen, halbgeschlossenen PSCR-Kreislaufgeräten unterwegs und planten, länger am Grund und im Wrack zu verbringen. Die anderen hatten konventionelle Flaschen dabei, sie würden uns da unten also nicht besonders lange belästigen.

Wir klopften uns auf die Schulter, wünschten uns Glück, machten unsere Checks und begannen mit dem Abstieg, der ohne Zwischenfälle verlief. Am Bug der *Altenham* gingen wir in Stellung, begannen sogar schon mit den ersten Filmaufnahmen, als die drei anderen Taucher uns buchstäblich über den Haufen schwammen, ohne sich umzusehen ins Wrack eindrangen und mit heftigen Flossenschlägen jede Menge Sediment aufwirbelten. Die Sicht war komplett ruiniert! Wir fluchten in unsere Atemgeräte, brachen ab und schwammen in Richtung Heck, um dort in Ruhe weiterzumachen. Nach etwa 20 Minuten waren wir dort fertig und wollten einen zweiten Anlauf am Bug starten. Doch als wir uns näherten, bemerkten wir Taucher an der Aufstiegsleine, die etwa 10 Meter vom Wrack entfernt an einem großen Gewicht verankert war. Zwei Taucher, die am Aufsteigen waren und sich bestimmt schon der 50-Meter-Marke näherten …

Mein Partner und ich sahen uns kurz an, ich hielt drei Finger hoch und machte das Handzeichen für „Frage“, doch auch er zuckte nur mit den Schultern. In diesem Augenblick sah ich eine Öffnung im Wrack, aus der

Schlammwolken pulsierten, als würde die Luke stoßweise ausatmen. Da steckte einer fest! Ich gab meinem Partner ein Zeichen, sich bereitzuhalten, und schwamm kurzentschlossen in die dunkle Wolke hinein, als mir auch schon Hände entgegenzuckten und mir die Maske vom Gesicht schlugen. Ich kriegte sie gerade noch zu fassen, konnte sie wieder aufsetzen und ausblasen. Jetzt vorgewarnt, tauchte ich erneut in das dunkle Loch – und fand den dritten Taucher der Gruppe. Er war mit dem Ventil seiner Flaschen im Rahmen des Schotts hängen geblieben, konnte sich nicht mehr selbst befreien und war in Panik geraten. Durch seine fahrigen Bewegungen, die Sedimente aufwirbelten, wurde die Sicht immer schlechter. Ein kräftiger Mann, wie von Sinnen um sich schlagend, ums eigene Überleben kämpfend – nicht ganz ungefährlich, sogar brandgefährlich! Ich wusste, er würde nach jedem Strohhalm greifen, der sich ihm bot, zu keinem klaren Gedanken mehr fähig, und im Zweifelsfall uns beide in den Tod reißen. Trotzdem, ich konnte ihn hier nicht krepieren lassen. Ich schaffte es, ihm meinen eigenen Lungenautomaten in den Mund zu stopfen und mir selbst mein zweites Mundstück zu nehmen. Mein Vorteil: Ich brauchte nur einen kleinen Teil meines Gases in den Flaschen für die Versorgung meines Kreislaufgerätes und würde die Doppelbeatmung also einige Zeit durchhalten. Der Taucher schnaufte, atmete ruhiger, kam wieder zu Sinnen und merkte schließlich, dass Hilfe da war. Ich schob ihn hin und her, rüttelte ihn aus seiner Falle frei und drückte ihn schließlich nach unten, um ihn aus der Luke zu bugsieren – er ließ alles willig mit sich geschehen. Doch kaum hatte er das offene Wasser erreicht, nahm ein anderer Reflex von ihm Besitz: Bloß weg hier, bloß nach oben, und zwar sofort! Allein hätte ich keine Chance gehabt, ihn zu halten, zum Glück war mein Buddy zur Stelle. Mit fast 100 Kilo Ausrüstung beladen, gelang es ihm, unseren Taucher zu greifen und in der Tiefe zu halten, indem er sich über ihn hängte. So verhinderte er den unkontrollierten Aufstieg – und damit den sicheren Tod. Der Mann stabilisierte sich ein zweites Mal, atmete regelmäßiger, wurde wieder ruhiger. Schließlich eskortierten wir ihn Richtung Aufstiegsleine. Von seinen Kollegen keine Spur mehr. Ich warf einen Blick auf sein Finimeter. Es zeigte zehn Bar – seine Flaschen waren also faktisch leer. Wir erreichten die Leine und begannen zu unseren ersten, deponierten Flaschen in 57 Meter Tiefe aufzusteigen. Ich blieb immer direkt vor dem Mann und sah ihn beruhigend und eindringlich an, um die Kontrolle zu behalten, mein Partner hing weiterhin über ihm. Als wir unseren Zwischenstopp erreichten, waren auch meine Flaschen tief im roten Bereich. Unser Patient hatte natürlich immer noch Stress und atmete alles andere als kontrolliert. Ich steckte ihm also den Regler meines ersten Deko-Tanks in den Mund und legte eine Verbindung zu meinem Rebreather. Doch es dauerte nicht lange, bis ich merkte, dass ich selbst ein Problem mit meiner Gasversorgung bekommen würde, wenn der Kerl so panisch weiterschnaufte. Die deponierte Flasche für den Deko-Stopp leerte sich wie der Tank eines SUV bei Vollgas auf der Autobahn.

Mein Partner und ich sahen uns lange an, wir spürten beide die Beklemmung, die eine Frage in uns auslöste: Was sollten wir tun, wenn wir feststellten, dass es bis zur rettenden Oberfläche einfach nicht für uns alle reichte? Wir waren uns einig, und drückten das auch mit einer Geste aus: Ein Schubser in die Tiefe und Goodbye, mein Freund. Ich war zu allem bereit, um diesen Menschen zu retten, hatte ihn da unten vor dem sicheren Tod bewahrt und ihm eine Chance gegeben. Aber ich war ganz bestimmt nicht bereit, selbst hier unten draufzugehen.

Vielleicht spürte er unsere Entschlossenheit, unsere Ruhe, auf jeden Fall ging es ihm zunehmend besser, je höher wir an der Leine kamen. Der Druck ließ nach, es wurde heller, freundlicher – wichtige Faktoren für einen Menschen in akuter Not und Panik. Mein Tank zeigte gerade noch 30 Bar an, mein Partner gab mir den Rest aus seiner Flasche, die ich wieder in meinen Rebreather einspeisen konnte, und atmete selbst in 21 Metern Tiefe die Reste aus seiner eigenen Deko-Flasche leer. Plötzlich hatten wir, in den letzten Zügen des Aufstiegs in sechs Metern Tiefe, wieder zwei Gestalten vor der Nase: Die beiden anderen Taucher auf ihrem gemütlichen vorletzten Deko-Stopp. Sie hatten sich ausreichend Zeit lassen können, während wir mit ihrem verlorenen Kameraden einen brandgefährlichen, da viel zu schnellen Ritt aus der Tiefe überstehen mussten und sie schließlich einholten. Wer erwartet hätte, dass sie irgendwelche Emotionen zeigten oder wenigstens ein Handzeichen machten – Fehlanzeige. Beflissen stierten sie in eine andere Richtung. Hatten sie ihren Kumpel gar nicht vermisst? Der schwamm schließlich zu ihnen, um die letzten Minuten mit ihnen zu dekomprimieren.

Und irgendwann war es soweit, der Moment, an den niemand von uns mehr geglaubt hatte: Wir saßen alle gemeinsam wieder auf dem Boot und donnerten durch die Wellen zurück zur Küste, die Sonne schien friedlich, Möwen kreischten. Die Stimmung war irgendwie surreal: Während mein Partner und ich uns schweigend und ziemlich abgekämpft gegenübersaßen, öffneten die drei wiedervereinten Kollegen ein Bier und stießen miteinander an. Und es dauerte nicht lange, da übertrumpften sie sich mit Geschichten ihres Tauchgangs am Wrack. Dass sie komplett versagt und sich als Gruppe verloren hatten, dass einer von ihnen gerade dem sicheren Tod entgangen war, dass zwei Kameraden den dritten Mann jämmerlich und eiskalt im Stich gelassen hatten – nichts davon war in ihr Bewusstsein gedrungen, zumindest sprachen sie nicht davon.

Und nein, es kam auch kein Dankeschön, kein anerkennendes Wort, nicht mal ein freundlicher Blick. Nicht mal, als sie am nächsten Tag abreisten, nachdem sie eine Nacht den Vorfall hatten überschlafen können, war ihnen dieser eine Erwähnung wert. Man kann es sich manchmal nicht aussuchen, für wen man sein Leben riskiert.

48. ENDE EINER LIEBE

Meine Faszination für Kroatien und seine Tauchplätze fand leider ein unschönes Ende. Kurz nach meiner Rückkehr aus den USA hatte mir ein alter Freund aus München, dessen Familie aus Kroatien stammte, die Region um Rovinj empfohlen. Ich war jahrelang immer wieder auf den Balkan gereist, auf dem seit Anfang der 1990er-Jahre schreckliche, grausame Kriege tobten mit Tausenden Opfern und fürchterlichen Kriegsverbrechen – doch trotz aller Widrigkeiten hatte ich hier mein Taucherherz verloren.

Die Infrastruktur für meinen Sport war gleich null, aber es gab immerhin einen lokalen Tauchklub. Die meisten Mitglieder waren Polizisten und Militärtaucher. 1991 tauchte ich nach der *Baron Gautsch*. Das Wrack stand aufrecht auf dem Grund und war trotz der langen Zeit am Meeresboden (das Schiff war 1918 auf eine Mine gelaufen und gesunken) fast völlig intakt. Überall lagen Geschirr und Besteck herum, in der Brücke fand sich das Steuer und der Kompass sowie der Maschinentelegraf. Das Wrack galt bereits damals als kulturhistorisch schützenswert, und das Tauchen war hier strikt verboten. Das Mitnehmen von Gegenständen erst recht. Nur: Die lokale Polizei interpretierte „kulturhistorisch schützenswert" auf ihre eigene Art – und barg und klaute, was nicht niet- und nagelfest war. Aus dem Bug wurde kistenweise noch verkorkter, trinkbarer Champagner geborgen – der für bis zu eintausend Mark an italienische

Touristen verkauft wurde. Selbst vor der Bergung von Knochen schreckte man nicht zurück, auch diese fanden ihre Abnehmer.

Als das Wrack offiziell zum Tauchen freigegeben wurde, wofür eine Sondergebühr erhoben wurde, weil es doch so superintakt und schützenswert war, war es bereits vollständig ausgeschlachtet. Das Getue drumherum, von wegen Schutz und Achtsamkeit, war nichts blanker Hohn einer korrupten Verwaltung, die ihren Profit machen wollte.

Wenn wirkliches Interesse an der Geschichte bestanden hätte, dann hätte man mit zertifizierten, ausgebildeten Tauchern zusammenarbeiten und ein ganzes Museum mit den Fundstücken füllen können, die heute für immer verloren oder in irgendwelchen privaten Sammlungen verschwunden sind.

Unter dem Deckmantel „Schutz von Kulturgütern“ Tauchern Geld aus der Tasche zu ziehen, ohne sich wirklich um den Bestand und die Schätze unter Wasser zu kümmern, fand ich schon damals deprimierend.

Mein persönliches, trauriges Finale in diesem großartigen Land erlebte ich Anfang der 2000er, als ich mit einer Tauchgruppe nahe Pula an der Südspitze Istriens unterwegs war. Hier liegt, tief im Sand vergraben, ein Schiffswrack aus dem 15. Jahrhundert – vermutlich aus Venedig. Der Platz ist bekannt als „Die drei Kanonen“ und wird von einigen lokalen Tauchschulen genutzt. Auch auf den Karten des Tourismusbüros ist der Tauchplatz verzeichnet.

Aufgrund langjähriger Erfahrungen mit kroatischen Behörden beantragten wir eine Genehmigung für unsere

Tauchgänge, um auf Nummer sicher zu gehen. Unser Ziel war es, den Platz zu vermessen und zu erforschen, was noch von dem Wrack vorhanden war. Wir erhielten die Genehmigung ohne Probleme und machten uns an die Arbeit. Am ersten Tag begrüßten uns die Park-Ranger freundlich, sie entfernten sogar eine Schranke, sodass wir näher ans Wasser fahren konnten. Sie interessierten sich auch für unsere Karte, die wir ihnen gerne zeigten.

Nach fünf spannenden, erfolgreichen Tagen unter Wasser wurde unsere Gruppe aber kurzerhand direkt am Tauchplatz verhaftet, unsere Ausrüstung beschlagnahmt. Auch die Frauen, noch klatschnass im Bikini, teils noch halb im Taucheranzug, mussten mitkommen. Die Gruppe, die noch unter Wasser war, wurden von einer Spezialeinheit aufgegriffen und zum Auftauchen gezwungen – ohne Dekompressionszeit! Die Pässe wurden uns abgenommen, ich als Organisator der Aktion wurde vor ein Schnellgericht gestellt und ohne Weiteres verurteilt: Wegen der „Bewerbung von archäologischen Arbeiten, die nicht stattgefunden haben". Die Richterin reagierte achselzuckend auf mein verständnisloses Gesicht: „Herr Schlöffel, wir haben so viel Wirbel um die Sache gemacht. Ich weiß, dass Sie nichts gemacht haben. Zahlen Sie einfach und alles ist gut." Nur zum Verständnis: An diesem 23. Oktober 2002 hatten 40 bis 50 schwer bewaffnete tschetschenische Terroristen das Moskauer Dubrowka-Theater gestürmt, über 100 Menschen verloren bei diesem schrecklichen Terroranschlag ihr Leben. Doch in den kroatischen Abendnachrichten waren wir die Top-Meldung. Ich dachte nicht daran, mich dieser

Willkür zu beugen und reiste nachts mit meinem zweiten Pass aus. Später erfuhr ich, dass wir von einem konkurrierenden Tauchlehrer angezeigt worden waren: Unsere Vermessungsaktion sei nur Tarnung für den geplanten Diebstahl der Kanonen gewesen. Und dieser Schwachsinn stand dann groß in der Presse: Ein Deutscher und seine Gehilfen sind beim Diebstahl kroatischer Kulturgüter gefasst worden …

Unsere beschlagnahmte Karte wurde ein paar Wochen später von den kroatischen Behörden als ihre eigene veröffentlicht. Der Tauchlehrer hatte sein Revier wieder für sich. Ich bin bis heute nie wieder in Kroatien gewesen und habe auch nicht vor, noch einmal hinzufahren.

49. NEUGIER

Egal in welchem Teil der Welt, auf welchem Kontinent, meine Neugier, Dinge unter Wasser zu erkunden, treibt mich an. An vielen guten Tauchplätzen gibt es heute eine gut ausgebaute Infrastruktur, aber ich stoße immer wieder auf ein trauriges Phänomen: Hauptsache das Business läuft, der Rest scheint egal.

Ein Tauchtrip nach Kenia, in der Nähe von Mombasa, der Hauptstadt des Landes, mag das illustrieren. Ich war hier als ganz normaler Tauchtourist mit den lokalen Guides im Wasser und ließ mir die Umgebung zeigen. Da Mombasa über einen der größten Häfen der afrikanischen Ostküste verfügt, war es eigentlich keine Frage, dass es hier auch Wracks geben musste. In der Tauchschule wusste man nur von einem. Das lag auf einem Riff und war auch von Land aus zu sehen. Ich bohrte und nervte so lange, bis ich an das Schiff herangefahren wurde. Es handelte sich um einen beachtlichen Frachter, der in der geringen Tiefe von etwa zehn Metern auf Grund lag saß, seine Maschinen lugten noch aus dem Wasser. Ganz gewiss ein lohnendes Ziel auch für Hobbytaucher.

Ich konnte nicht glauben, dass es das einzige Wrack in der Nähe sein sollte, und stöberte im örtlichen Zeitungsarchiv und in der Bibliothek und klemmte mich im Internetcafé hinter den Rechner. Ich fand Berichte und Geschichten von zwölf Schiffsunglücken seit 1900 und machte mich auf die Suche nach einer vernünftigen Seekarte. Einige Schiffe lagen in Tiefen über 100 Meter, andere waren geborgen und verschrottet worden. Es blieben fünf übrig, eigentlich nur Steinwürfe von der Tauchbasis entfernt. Ich lieh mir ein Kajak und paddelte hinaus. Es dauerte nicht lange, und ich konnte im flachen Wasser die Reste eines Havaristen erkennen. Mit Schnorchel und Kamera sprang ich ins Wasser. Es war ein Kinderspiel, an das Wrack zu gelangen und Fotos zu schießen.

Nur: An der Tauchbasis stießen meine Entdeckungen eher auf Desinteresse. Ich frage mich, wie kann man solche Schätze einfach ignorieren?

Ein paar Jahre später war ich in Dänemark. Die Taucher vor Ort meinten, in der Umgebung gebe es nichts, das sich zu erkunden lohne, außer ein paar vermoderter Balken. Auf Nachfrage erklärte man mir, dass es sich um ein paar Holzreste handelte – der lokale Tauchklub verwendete sie als Kompassziel bei der Ausbildung. Niemand kannte irgendwelche Detail. Als ich vorschlug, die Stelle zu erforschen, wurde ich ausgelacht. Ich machte trotzdem eine Expedition daraus. Ein paar Wochen später rückte ich mit einigen Tauchern an, und nach einer Woche hatten wir ein Gitternetz erstellt und jedes Detail vermessen. Wir fertigten Skizzen an und bastelten ein Mosaik aus 400 Fotos zusammen. So ergab sich langsam das Bild von zwei Schiffen, die ineinander verkeilt auf dem Meeresboden ruhten. Wir fanden zudem Reste von Bronzebeschlägen, altes Werkzeug und etliche Alltagsgegenstände. Schließlich nahmen wir eine Probe aus dem Holz und schickten sie zum Institut zur Altersbestimmung. Mit der Radio-Karbon-Methode ließ sich feststellen, dass die im Schiff verbauten Balken ungefähr 1 640 gefällt wurden.

Jetzt sprang der Forscherfunke auch auf die Taucher vor Ort über. Die Untersuchung der Wracks ist bis heute im Gange, mehrere Institute und Universitäten sind daran beteiligt.

Für mich ist dieser Teil des Tauchens eine Lebensaufgabe, die weit über den Sport hinausreicht: Archäologie, Biologie, Geologie und am Ende auch Umweltschutz und Klimawandel sind unter Wasser mindestens genauso spannend und sichtbar wie an Land. Ich bin mir sicher: Nur wenn wir unsere Meere retten können, hat unser Planet und am Ende die Spezies Mensch eine Chance zu überleben.

Meine fünf Lieblingstauchplätze

1. **Peleliu Wall, Palau**
   Aquariumklares Wasser, beeindruckende Vielfalt an Großfischen und Korallen, während man von einer starken Strömung an einem der heftigsten Schlachtplätze des Zweiten Weltkriegs vorbeigespült wird.

2. **Dragon Pit, Galapagosinseln**
   Weit, aber einmal im Leben sollte man als Taucher hin. Leguane tauchen über roten Algenwiesen und fressen sich satt – ein Bild wie aus *Jurrasic Park*.

3. **Naturreservat Portofino, Italien**
   Bella Italia: Intaktes Mittelmeer mit ursprünglicher Fauna, so wie es eigentlich überall vorzufinden sein sollte.

4. **Farasan Banks, Saudi-Arabien**
   Das Rote Meer, wie es vor 50 Jahren überall gewesen sein muss: Fische in einer Farben- und Formenvielfalt, die die Sinne überfordern. Wunderschön!

5. **Two Oceans Reef, Grenada**
   Atlantik und Karibische See prallen an diesem Riff aufeinander, wie man am Unterschied von Flora und Fauna erkennt, die sich an einer Linie wie mit dem Lineal gezogen voneinander abgrenzen.

50. SIND WIR NOCH ZU RETTEN?

Der Klimawandel und seine Folgen ist die wohl schlimmste Krankheit unseres Planeten seit den beiden Weltkriegen. Immer lauter und hysterischer wird die Debatte, angefeuert durch Schulstreiks und der „Fridays for Future"-Bewegung von Greta Thunberg, die Kinder und Jugendliche mitreißt und begeistert, bei Menschen meines Alters, die Tschernobyl, Waldsterben und Ozonloch haben kommen und gehen sehen, mitunter Stirnrunzeln erzeugt. Auf der einen Seite wird die Kritik an unserem Verhalten im Alltag deutlich lauter, von der Energiegewinnung bis zu Flugreisen oder Autoverkehr, gleichzeitig und im Widerspruch dazu brechen in Deutschland die SUV-Verkäufe immer wieder neue Rekorde (im Jahr 2019 wurden knapp 800 000 dieser Straßenschiffe verkauft). Oder mal größer gedacht: Weltweit sind so viele neue Kohlekraftwerke in Planung und Bau, dass allein ihre Inbetriebnahme das Ziel einer „Klimaneutralität", wie sie unseren Politikern in ihrer Technokratensprache vorschwebt, wohl eher ins Reich der Wunschträume rücken lässt.

Ich verstehe und unterstütze die Ziele der jungen Bewegung. Wer würde sich, gerade wenn man eigene Kinder in die Welt gesetzt hat, ernsthaft der Diskussion verweigern, wie die Menschheit dem Anstieg der Temperatur des Erdklimas mit allen seinen gravierenden Folgen – dem Anstieg der Meeresspiegel, dem Abschmelzen der Pole und Gletscher, den daraus folgenden Sturmfluten und Überschwemmungen und anderen Wetterextremen – entgegenwirken kann? Noch mag es vielleicht noch nicht bei uns angekommen sein, dass einigen Inselstaaten am Äquator das Wasser buchstäblich bis zum Hals steht. Vielleicht wachen wir ja erst auf, wenn die ersten Holländer ins Boot steigen, um zu ihrer Arbeit in Hochhäusern zu gelangen, die auf Stelzen gebaut sind, weil die Deiche geflutet wurden …

Im Ernst: In letzter Zeit werde ich häufig gefragt, wie ich den Klimawandel und seine Folgen aus der Perspektive des Tauchers einschätze. Das Thema Klimaerwärmung ist aus Taucherperspektive natürlich besonders interessant. Ein Beispiel wie die Gefährdung des Great Barrier Reef zeigt uns in den letzten Jahren schrecklich eindrucksvoll, was die Erwärmung der Meere mit Schatzkammern wie diesem Weltwunder anrichtet. Einfache, aber schwierige Frage. Und meine ehrliche Antwort:

ICH WEISS ES NICHT, LEUTE!

Eigentlich denke ich, dass sich die Erde seit Anbeginn der Zeit immer wieder verändert hat, und zwar egal, ob es seinen aktuellen Bewohnern passte oder nicht. Die Dinosaurier werden blöd geguckt haben, als ein riesiger Meteorit auf sie zuraste, der das Leben – also in diesem Fall ihr Leben – vernichtete. Schade drum, Pech gehabt! Aber: Alles in unserem Universum altert nun mal und stirbt irgendwann ab. Warum sollten wir Menschen mit unserer Existenz nichts weiter sein als ein flüchtiger, wenn auch ziemlich übel riechender Furz in der Geschichte unseres Planeten? Ob wir unser Ende nun noch selbst beschleunigen, ob die Erde von alleine Fieber bekommen hat oder ob wir uns langsam Gedanken machen sollten, ab wie vielen Milliarden Menschen es ernsthaft eng wird mit Rohstoffen wie Wasser oder Nahrung – dazu kann sich jeder gerne eine eigene Meinung bilden.

Aber ob es reicht, den brummenden Familienpanzer gegen ein teures, mit Steuergeldern subventioniertes E-Auto mit Batterie (deren Inhaltsstoffe ja auch aus irgendwelchen Minen geschürft werden) zu ersetzen, wage ich hier mal zu bezweifeln, solange der Flugverkehr weltweit ungebremst steigt (jedenfalls bis zum Ausbruch des Corona-Virus'), Kreuzfahrtschiffe nicht allein abgelegenste Inseln und Paradiese rund um den Globus belästigen, sondern in den modernsten Häfen der Welt, in denen es dennoch keinen Landstrom (geschweige denn Öko-Strom) gibt, weiter ihre Maschinen laufen lassen, damit Schampus und Meeresfrüchte an Bord auch schön kühl bleiben und die Bühnenshow weiterlaufen kann. Der weltweite Frachtverkehr auf den Ozeanen ist eine echte, dauerhafte Umweltkatastrophe: Angetrieben mit Schweröl, blasen diese Giganten der Meere Zigtausende Tonnen an Schwefel in die Atmosphäre – doch in Städten wie Hamburg (ja, auch dort diskutiert man noch über Landstrom, hat ihn aber noch nicht) verhängt man lieber Dieselfahrverbote für Pkw, und zwar in genau zwei (!) Straßen.

Aber auch der Blick ins Ausland macht einfach nur wütend und ratlos: Länder wie Australien setzen weiter auf ihre Kohlekraftwerke, haben noch nichts von Wind- oder

Wasserkraft gehört. Brasilien holzt und fackelt fröhlich die Lunge unserer Erde ab, und China, Russland und die USA – ach, wo soll man da anfangen. Jedoch, wenn man in den Nachrichten von all den Kriegen und Krisenherden liest, rückt dann das Klimathema nicht ein bisschen in den Hintergrund ...?

Tausende Wissenschaftler beschäftigen sich mit dem Klimawandel – aber die gewonnenen Daten werden je nach Interessenlage manipuliert, gekauft, einseitig eingesetzt, und heraus kommt ein riesiges Chaos an Richtwerten, Forderungen und Klimagipfeln, die mit wachsweichen Absichtserklärungen das Problem verschieben – und zwar immer Richtung kommender Generationen.

Ein bisschen anders verhält es sich mit einem anderen großen Umweltthema unserer Zeit: Der Umweltverschmutzung durch unseren Plastikkonsum. Hier bin ich durch meine Tauchexkursionen auf der ganzen Welt natürlich Augenzeuge. Ich kenne die Plastikfußballfelder, die stinkend durch unsere Ozeane dümpeln und sich langsam durch unsere Ökosysteme und Nahrungsketten fressen und schließlich durch den gegrillten Fisch auf unserem Teller wieder in unseren Körpern landen. Eigentlich ist das ja nur fair: Wir haben es wirklich geschafft, ALLES mit unserem Plastikmüll zu verseuchen und müssen jetzt den Dreck schlucken, den wir selbst in die Welt gesetzt haben. Gruselig, in der Tat. Und auch wenn die vorbildliche „Recycling-Quote" betont wird, auf den gigantischen, stinkenden Müllhalden von Indonesien bis Afrika, auf denen erbärmlich arme Menschen nach Essensresten und Verwertbarem suchen, braucht man nicht lange zu stochern, um auf Plastikmüll „Made in Germany“ zu stoßen. Aber hier bei uns: Selbstzufriedenes Mülltrennen in Gelben Säcken. Immerhin, in letzter Zeit wurde das Thema erkannt. Ich finde nur, dass wir härter und viel, viel schneller an technischen Lösungen des Problems arbeiten und unsere Politiker und die Industrie in die Pflicht nehmen sollten, statt gegenseitig mit dem Finger aufeinander zu zeigen und immer neue Vorschriften zu machen, die im Kleinklein sowieso nichts bringen. Unterdessen können wir Joghurt im Glas kaufen und das Thema Verpackungsmüll (auch hier werden jedes Jahr Rekorde eingefahren) reflektieren, wenn der Paketbote das dritte Mal am Tag einen gut gepolsterten Karton an unserer Haustür abliefert. Aber meistens beginnt Umweltschutz nicht beim eigenen Verhalten, lieber zeigt man mit dem Finger dahin, wo andere etwas falsch machen und die Zukunft unserer Enkel aufs Spiel setzen.

Unter Wasser bekommen wir schnell den Spiegel vorgehalten, was Verschmutzung und rücksichtloses Verhalten anrichten können. Inzwischen ist der Umweltgedanke wohl auch bei den letzten Touristenresorts angekommen. Korallen, insofern noch vorhanden, zwar zu bewundern, aber eben nicht anzufassen oder gar abzubrechen und als Souvenir einzustecken, ist so ein Beispiel. Es gibt aber Gegenden auf diesem Planeten, deren einst wunderschöne und intakte Unterwasserwelt im wahrsten Sinne des Wortes blankgewetzt ist von Taucherärschen, für die man sich einfach nur schämen muss. Und zwar nicht nur für die trotteligen

Taucher, die hier durchwalzen wie der berühmte Elefant im Porzellanladen (der Vergleich sei bei den fragilen und empfindlichen Korallen erlaubt). Noch viel wütender machen mich selbstsüchtige, gedankenlose und profitgierige Ausbilder, die dazu auf der ganzen Welt beigetragen haben, weil sie ihren Schülern nicht beibrachten, worauf man achten sollte oder wie man sich eben unter Wasser so bewegt, dass man nicht mit vollem Karacho auf Grund schlägt oder mit seinen Flossen im vorbeitauchen mal eben eine Wand mit hochsensiblen Ökosystemen zerhäckselt oder perforiert. Wenn dann auch noch die Messer rausgeholt werden, um Seesterne oder Pflanzen zu bearbeiten, wird mir ganz schlecht, ist aber weltweit leider immer noch jeden Tag unter Wasser zu bestaunen.

Nein, der Mensch ist nicht die erfolgreichste Spezies des Planeten geworden, weil er so ein netter, rücksichtsvoller Kerl ist. Aber dass er sich am Ende selbst sein Grab schaufelt, weil er zu dumm ist, mit dieser Welt in Harmonie zu leben, ist eigentlich nur gerecht.

Vielleicht bekommt ja in ferner Zukunft eine andere Art die Chance, es besser zu machen – vielleicht die berühmten Asseln und Kakerlaken nach einem Atomschlag oder irgendeine Art, die in den Tiefen der Ozeane seit Millionen Jahren noch auf ihren Weckruf wartet …

INNER SPACE EXPLORERS ODER: WARUM TECHNISCHES TAUCHEN?

Schon während meiner Zeit in den Staaten hatte ich für den großen US-Verband „Global Underwater Explorers“ (GUE) Taucher ausgebildet. Über die Jahre hatten wir uns einen Namen gemacht als elitäre, sehr strikte Ausbildungsorganisation, die sich an den höchsten Qualitätsstandards orientierte, seit sich in den USA in den 1980-Jahren das Technische Tauchen entwickelt hatte. Die Wracktaucher im „Mudhole“ vor der Küste New Yorks, wo der Hudson gigantische Schlammfelder zusammenspült, und die mutigen Höhlentaucher Floridas entwickelten langsam immer sicherere Methoden, in große Tiefen, entlegene Wracks oder gefährliche Höhlensysteme vorzudringen. Natürlich machte vor allem die technische Entwicklung immer größere Fortschritte, und langsam, ganz langsam fanden sich viele Dinge auch im Freizeittauchen wieder.

Doch auch heute noch sieht es so aus: Weltweit gehen Millionen Menschen ins Wasser, die auf diese Welt nicht ausreichend vorbereitet sind. Besser gesagt: Sie können sich vielleicht im Wasser bewegen und sich dort bei guten Bedingungen auch zurechtfinden, Fische beobachten, Spaß haben, das Gefühl des Schwebens genießen. Doch was passiert, wenn etwas schiefgeht?

Simple Dinge wie eingedrungenes Wasser in der Maske, Sichtverlust oder nur eine kaputte Flosse können bei unerfahrenen Tauchern schon für schweres Unbehagen oder Panik sorgen, nicht zu reden von ernsten Schwierigkeiten wie unterbrochener Luftzufuhr oder körperlichen Problemen wie Krämpfen oder Atemnot. Das Resultat sind viel zu viele Todesfälle und Unglücke, die oft von lokalen Behörden und nicht zuletzt den Tauchschulen unter den Teppich gekehrt werden. Schließlich wartet schon der nächste Kurs, das Geschäft muss laufen. Ich werde nie das Gesicht eines kleinen Jungen vergessen, der an einem Hafenbecken auf Lanzarote neben seinem toten Vater kniete. Der Mann, Mitte 40, hatte sich bei einem recht harmlosen Urlaubstauchgang übernommen und war unter Wasser plötzlich in Panik geraten, bis sein Herz kollabierte.

Als sich bei meinem Dachverband und Lizenzgeber die Führungsstruktur und damit auch die Philosophie änderte, auch hier natürlich Richtung Kommerz und Gewinn, merkte ich: Das ist nicht mein Weg. Die Trennung war nur eine Frage der Zeit, und ein Jahr später war es soweit: Ich schmiss hin. Die Trennung verlief okay: Ich durfte noch meine gebuchten Kurse abschließen, es gab kein böses Blut – doch die Entscheidung, wie es weitergehen sollte, als ich mich danach ein paar Wochen treiben ließ, wurde mir eigentlich von meinen Schülern abgenommen. Als sich herumsprach, dass ich den Verband verlassen würde, bekam ich Dutzende E-Mails und Anrufe, die eigentlich alle in der Frage mündeten: Warum machst Du nicht dein eigenes Ding?

Also gründete ich meinen eigenen Verband. Ich taufte ihn „Inner Space Explorers“, da mir wichtig war zu zeigen, worum es mir beim Tauchen ging: Alles zu erlernen und zu trainieren, was man für anspruchsvolle technische Tauchgänge abseits der ausgetretenen Pfade brauchte, um neue Welten zu entdecken.

Ich wusste damals nicht, was ich mir da antat. Sonst hätte ich vielleicht angefangen, Tauben zu züchten oder Kerzen zu drehen. Die Startbedingungen waren mies, ich war von einem recht wohlhabenden Mann mit Haus und zwei Autos nach einer hässlichen Scheidung zum Obdachlosen geworden, schlief bei Freunden auf der Couch, hatte oft nicht mehr als 20 Euro in der Tasche und fuhr mit einem klapprigen alten Auto zum Tauchen – doch wenigstens unter Wasser waren immer noch alle Sorgen und Probleme vergessen. Wenigstens hier musste ich nur für mich selbst sorgen, was die Sache ein bisschen einfacher machte. Da die Nachfrage nach einer Ausbildung bei mir unter Tauchern nach wie vor groß war, kam ich bald wieder einigermaßen auf die Beine und zog in ein kleines Apartement. Es ging wieder bergauf, wenn auch langsam.

Ich suchte mir Mitstreiter, organisierte Technik und Logistik und fing an, Ausbildungsmaterialien zu erstellen. Was mich trieb? ISE sollte auf der Tatsache basieren, dass Tauchen nicht nur einfach ein Sport oder Hobby ist. Sondern eine Aktivität, die den Menschen in eine extrem lebensfeindliche Umgebung bringt – mit einem einfachen Sprung ins Wasser. Doch dieser Sprung bedeutet auch bei jedem einzelnen Taucher auf dieser Welt einen Eingriff in ein heftig bedrohtes Ökosystem auf unserem Planeten, das auf diesen Besuch von oben gut verzichten könnte. Nur: Auf diese simplen Tatsachen wird in den Ausbildungsprogrammen der weltweiten Verbandsgiganten überhaupt nicht eingegangen!

Natürlich gibt es in allen großen Verbänden weltweit hervorragende Taucher und Ausbilder. Mir geht es hier aber nicht um einzelne Menschen, sondern um die Strukturen dahinter und die Wahrnehmung des Sports im Allgemeinen.

Tauchen ist supereinfach, vollkommen ungefährlich und kann von jedem betrieben werden, der noch Puls hat – so lässt sich das Marketing der Big Player auf den Punkt bringen. Dem Kunden wird hier etwas vorgegaukelt, was ihm im schlimmsten Fall erst viel Geld und dann sein Leben kosten kann. Gleichzeitig wird bei den Verbänden immer weiter an den Ausbildungsstandards herumgeschraubt – natürlich nach unten, um immer mehr Kunden unter Wasser zu bekommen. Größere Gruppen, größere Vorsicht? Fehlanzeige. Natürliche Grenzen, psychische oder körperliche Defizite werden ignoriert, und zwar auf beiden Seiten: Die Hürden für das nächste Ausbilderlevel werden immer weiter aufgeweicht. Und bei den etwas ehrgeizigeren Kunden wird nicht mehr darauf geachtet, ob sie sich trotz Übergewicht, Raucherlunge, Klaustrophobie oder Herzschwäche wirklich in größere Tiefen oder Wracks wagen sollten oder ob es mit einer wunderschönen Schnorcheltour nicht auch getan wäre, um ihnen einen Einblick in die Unterwasserwelt zu geben.

Um ein Mindestmaß an Sicherheit zu erhalten, werden die Schwächen der Ausbildung und die daraus folgenden Schwächen im Können der ausgebildeten Taucher immer stärker durch Technikkrücken kompensiert. Ein bisschen vergleichbar mit der Diskussion um künstliche Sauerstoffzufuhr für Extrembergsteiger in den 70ern. Aber ich finde, wer die Grundlagen nicht kennt und auch nicht weiß, wie er ohne diese Hilfsmittel klarkommen kann, hat im Ernstfall ein echtes Problem und stirbt eher, als wenn er aufgrund seiner Ausbildung auf eine Lösung kommt, wie er sich aus einer heiklen Situation befreien kann.

Noch einmal: Die Aufweichung der Standards beim Tauchen ist in meinen Augen eine Sackgasse, die für viele Hobbytaucher leider viel zu oft im Sarg endet.

Und an diejenigen, denen es ausreicht, einmal im Jahr im Urlaub unter Wasser zu gehen, kann ich nur appellieren: Achtet darauf, nicht aus der Übung zu kommen und geht regelmäßig zu einer Tauchschule in der Nähe. Übung ist alles! Schaut in die Bücher, die es von jedem Verband gibt, macht euch noch mal klar, was zum Beispiel physikalisch mit dem menschlichen Körper unter Wasser geschieht. Und wenn es dann mal wieder losgeht in Ägypten, Spanien oder Australien: Schaut genau hin, wer euch da mit unter Wasser nehmen will! Checkt euer Equipment selbst, stellt Fragen, wenn ihr etwas nicht wisst oder versteht! Schaut euch eure Tauchpartner an, sind sie einigermaßen ausgebildet, sehen sie fit aus? Würdet ihr ihnen euer Leben anvertrauen? Gibt es einen Plan, bevor die Gruppe unter Wasser geht – und wird der auch eingehalten oder macht am Ende jeder, worauf er unter Wasser gerade Bock hat?

Und das sind wirklich nur die nötigsten Dinge, die man als Freizeittaucher befolgen sollte!

Mir war es wichtig, dem allen etwas entgegenzusetzen: Zunächst eine ehrliche, reflektierte Beurteilung der Personen, die das Tauchen eingehend und verantwortungsvoll lernen wollen. Eine Ausbildung im Technischen Tauchen, die aber auch für „normale“ Taucher sinnvoll und erkenntnisreich ist, nah an der Praxis, mit richtigen Trainingseinheiten und vielen, vielen Wiederholungen, um Automatismen zu entwickeln.

Sicherheit steht an oberster Stelle, auch bei den noch so simplen Tauchgängen! Mein Ziel: Ich will eigenverantwortliche, autarke und willensstarke Taucher hervorbringen, die sich in der Welt unter Wasser wie Gäste benehmen, die man als Gastgeber gerne wieder begrüßt.

Heute gibt es ISE seit über zehn Jahren voller Höhen und Tiefen, großartiger Freundschaften und bitterer Enttäuschungen. Und nein, ich habe noch keinen einzigen Taucher verloren, den ich ausgebildet habe. Belohnt wurde ich mit einem unfassbar spannenden Netzwerk von tauchbegeisterten Menschen auf der ganzen Welt, Spinner, Enthusiasten, Einsteiger, Profis, Entdecker, die unter Wasser alle nur dasselbe wollen.

Tauchen. Entdecken. Überleben.

DANKSAGUNG

Den folgenden Personen möchte ich für ihre Unterstützung auf meinem langen Weg danken:

Meinem Co-Autor Moritz Stranghöner, meinen Eltern, die meine Ideen und deren Verwirklichung immer unterstützt haben, Matthias Kiefl für eine helfende Hand in harten Jahren, Norbert Eder, Jochen Grau, Alain Dobelaere, Juan Naval und Mike van Splunteren, dass sie ISE mit mir aufgebaut haben;

all meinen Schülern, denn ohne sie wäre ich nicht, wo ich bin;

Michael und Tina Vill für ihre Freundschaft und Unterstützung, Mike Baudach für Raum zum Schreiben und einfach alles. Judith und Christoph Hoppe für ihre Inspiration und Kritik, die ich mir immer zu Herzen genommen habe;

Aaron Hogen für seine Freundschaft und drei Hammerjahre;

meiner Frau Mandy, dass sie unseren Traum mit mir lebt.

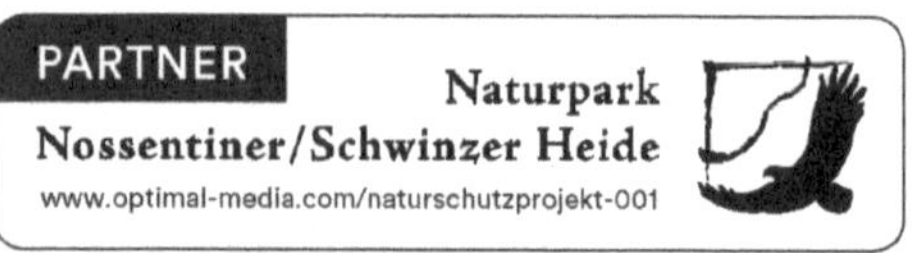

Partner des Naturparks
Nossentiner / Schwinzer Heide

Edel Books
Ein Verlag der Edel Germany GmbH

Neumühlen 17, 22763 Hamburg
www.edelbooks.com
2. Auflage 2021

Projektkoordination und Lektorat: Marten Brandt
Coverfoto: shutterstock
Layout und Satz: Datagrafix GSP GmbH, Berlin | www.datagrafix.com
Gestaltung der Bildstrecke: Groothuis. Gesellschaft der Ideen und Passionen mbH | www.groothuis.de
Umschlaggestaltung: Rothfos & Gabler, Hamburg
Lithografie: Frische Grafik, Hamburg
Druck und Bindung: GGP Media GmbH, Pößneck

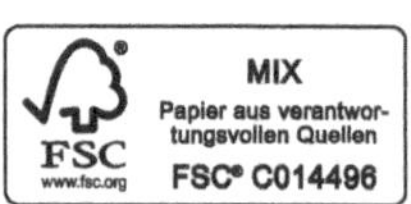

Printed in Germany

ISBN 978-3-8419-0734-9